제 9 판

알기 쉬운 AutoCAD

육 재 호 저

B.C.Info

CONTENTS

01 선(LINE) ······ 5

02 지우기(ERASE) ······ 6

03 좌표 시스템(Coordinate System) ······ 10

04 객체 스냅(OSNAP) ······ 17

05 이동 & 팬 & 줌(MOVE & PAN & ZOOM) ······ 18

06 원(CIRCLE) ······ 21

07 호(ARC) ······ 26

08 다각형(POLYGON) ······ 31

09 도넛(DONUT) ······ 32

10 치수(Dimension) ······ 35

11 자르기(TRIM) ······ 37

12 간격띄우기(OFFSET) ······ 43

13 모깎기(FILLET) ······ 46

14 모따기(CHAMFER) ······ 46

15 선 종류 & 색(LINETYPE & COLOR) ······ 56

16 복사(COPY) ······ 64

17 투상법(Projection) ······ 70

18 타원(ELLIPSE) ······ 72

19 등각 투영 제도(Isometric Drafting) ······ 74

20 다중점 & 점 스타일(POINT & TYPE) ······ 76

21 회전(ROTATE) ······ 78

22 대칭(MIRROR) ······ 82

23 결합(JOIN) ········ 85

24 분해(EXPLODE) ········ 85

25 끊기(BREAK) ········ 85

26 연장(EXTEND) ········ 86

27 폴리선(P LINE) ········ 87

28 폴리선 편집(PEDIT) ········ 88

29 신축(STRETCH) ········ 89

30 축척(SCALE) ········ 90

31 길이 조정(LENGTHEN) ········ 92

32 등분할 & 길이분할(DIVIDE & MEASURE) ········ 92

33 문자(MTEXT) ········ 93

34 배열(ARRAY) ········ 94

35 화면영역(LIMITS) ········ 100

36 직사각형(RECTANG) ········ 100

37 구성선 & 광선 & 스플라인(XLINE & RAY & SPLINE) ········ 100

38 블록(BLOCK) ········ 100

39 여러 줄(MLINE) & 여러 줄 스타일(MLSTYLE) ········ 101

40 여러 줄 편집(MLEDIT) ········ 101

41 해치(HATCH) ········ 103

42 면적계산(AREA) ········ 106

1. 선 (LINE) : ~ L

시작점과 끝점을 연결하는 직선 그리기

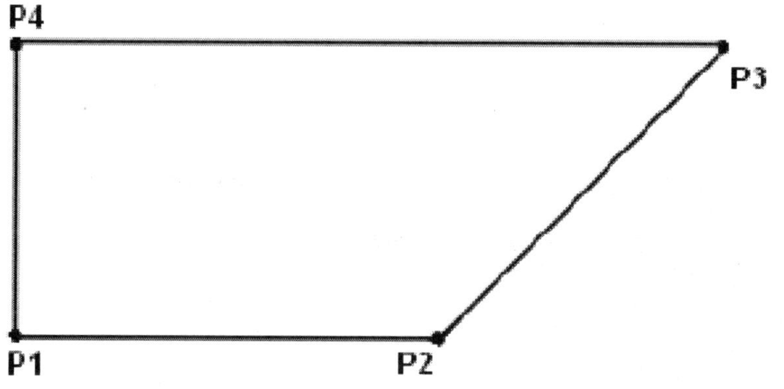

※ 직교 모드 (ORTHOGONAL)

수평, 수직선 그리기

※ 명령 취소 (UNDO)

실행된 명령 취소하기

※ 명령 복구 (REDO)

명령 또는 취소된 명령 복구하기

2. 지우기 (ERASE) : ~ E

불필요한 객체 삭제하기

※ Select Object : 대상 선택

- Window : 선택 창에 포함된 대상 (선택방향 : left → right)

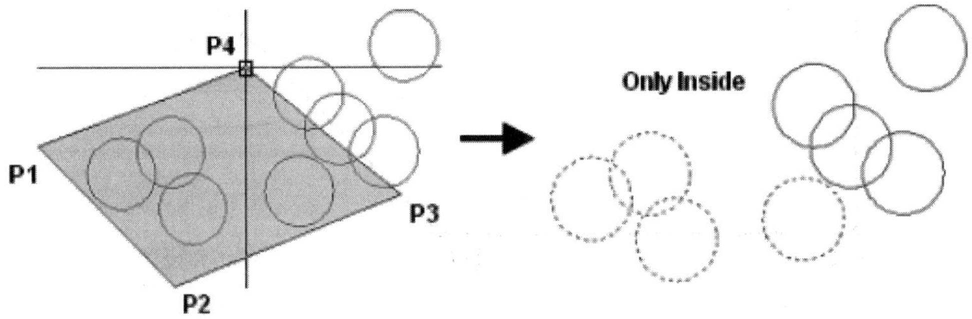

- Crossing : 선택 창에 포함된 대상과 걸쳐진 대상 (선택방향 : right → left)

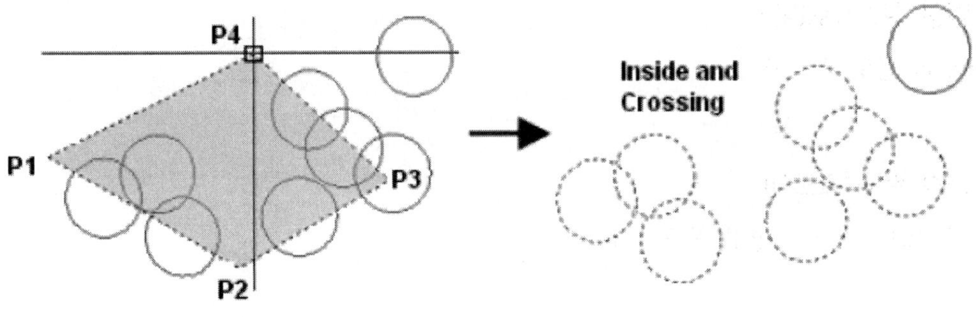

연습과제 1

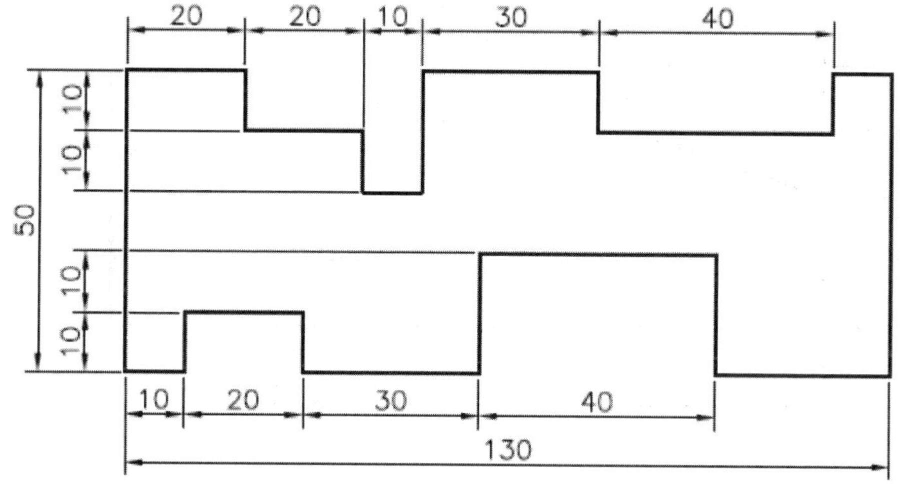

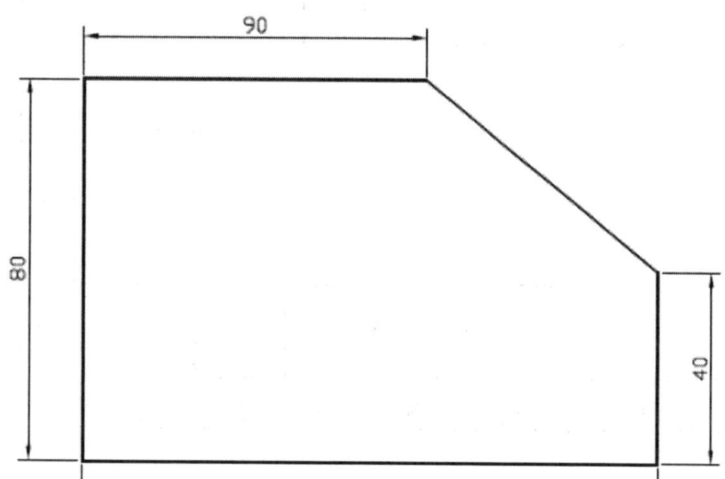

연습과제 2

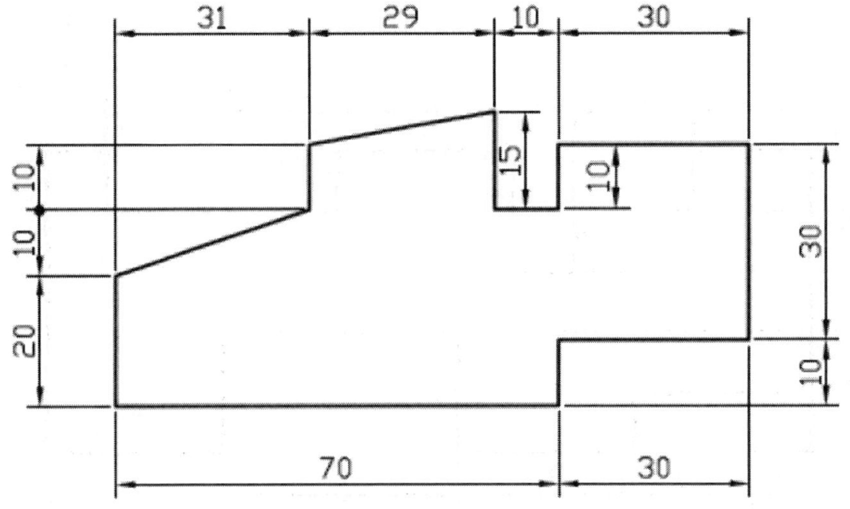
31
29
10
30
15
10
10
10
20
30
10
70
30

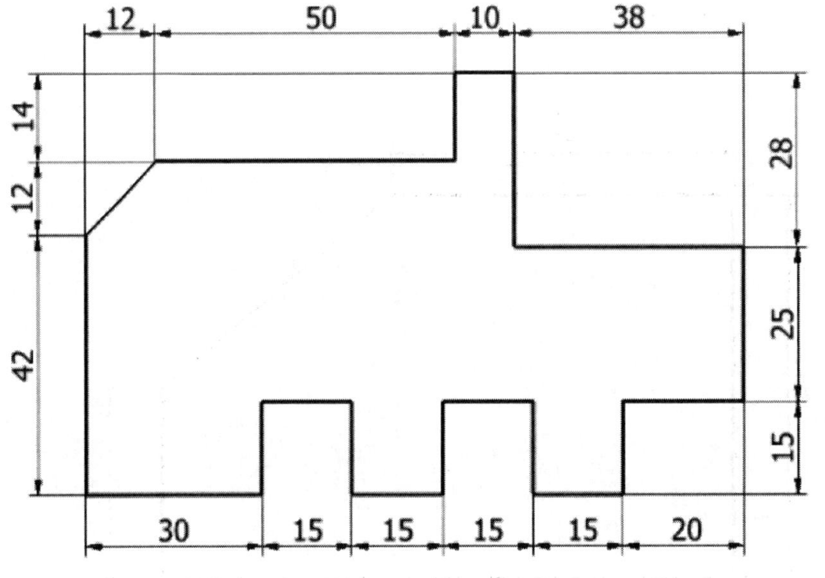
12
50
10
38
14
12
42
28
25
15
30
15
15
15
15
20

연습과제 3

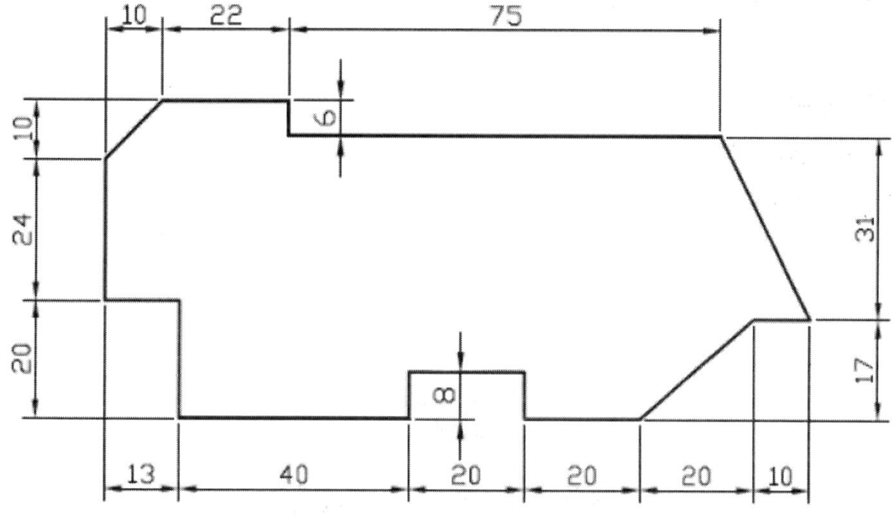

10
22
75
6
10
24
20
31
17
8
13
40
20
20
20
10

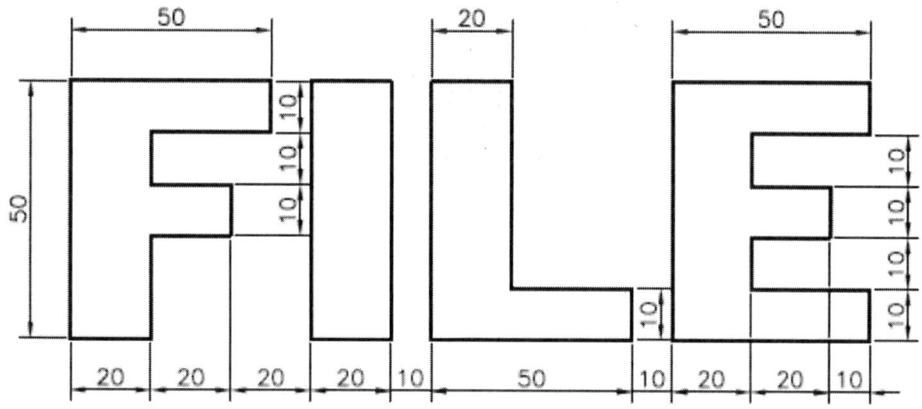

50
20
50
50
10
10
10
10
10
10
10
10
20
20
20
20
10
50
10
20
20
10

3. 좌표 시스템 (Coordinate System)

1) 절대좌표 : 원점이 기준 ~X, Y

2) 상대좌표 : 임의의 점, 최종점이 기준 ~X, Y

3) 상대극좌표 : 최종점에서 거리와 각도부여 ~거리<각도

※ 상대극좌표 좌표 개념

반시계 방향 : +

시계　방향 : −

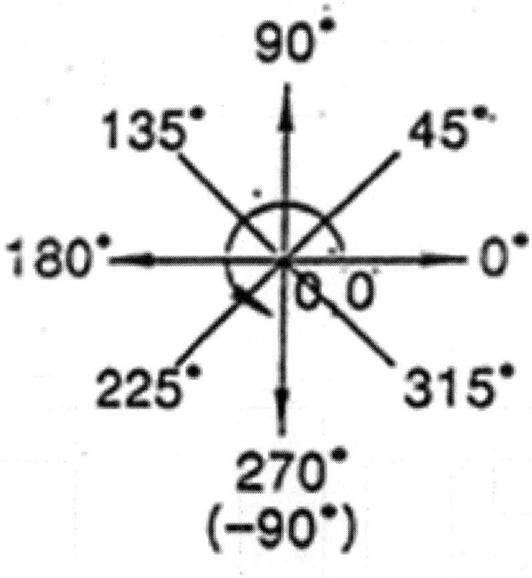

연습과제 4

※ 한 변의 길이 100

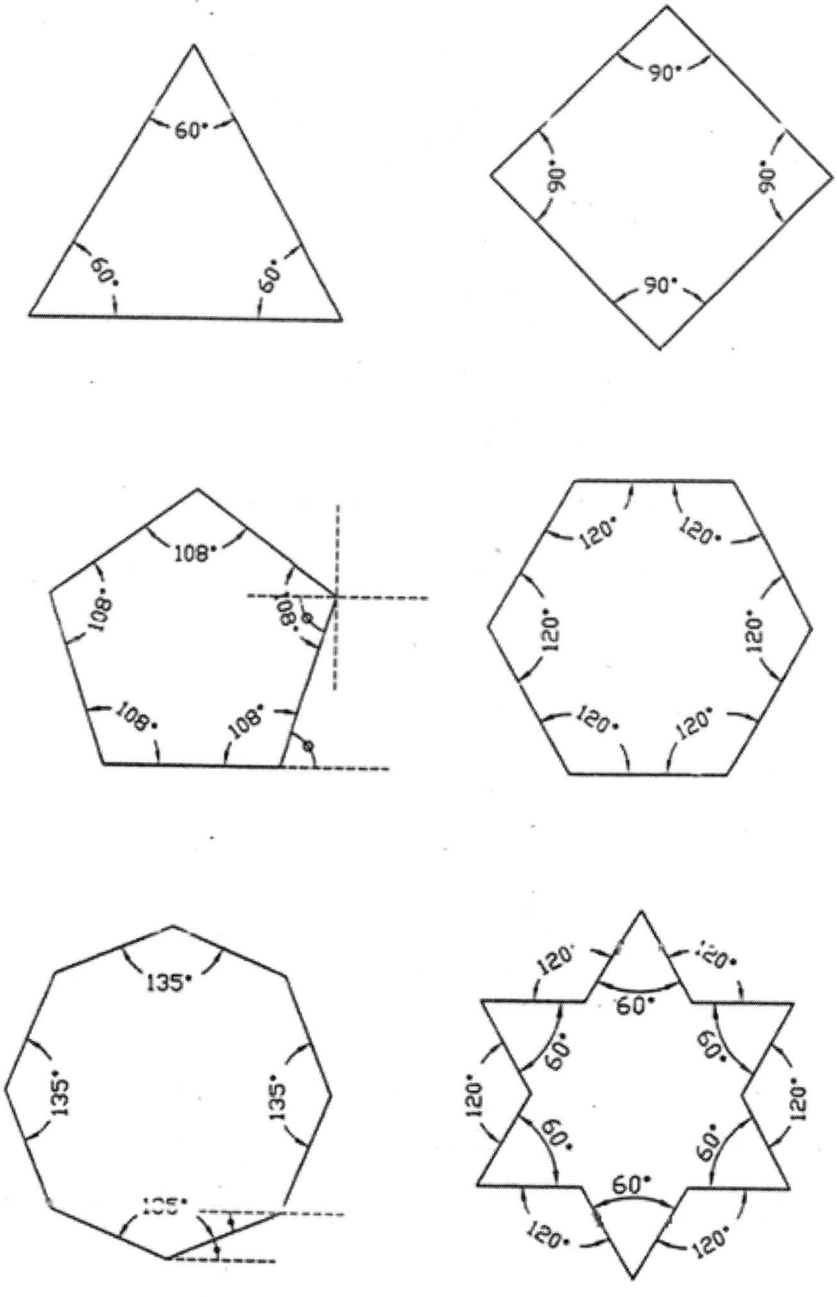

연습과제 5

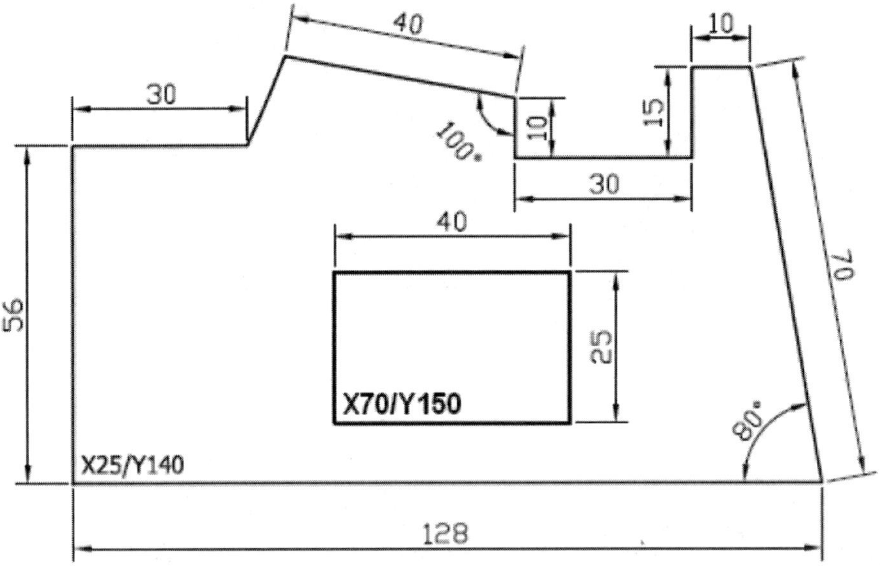

40
10
30
100°
10
15
30
40
70
56
25
X70/Y150
80°
X25/Y140
128

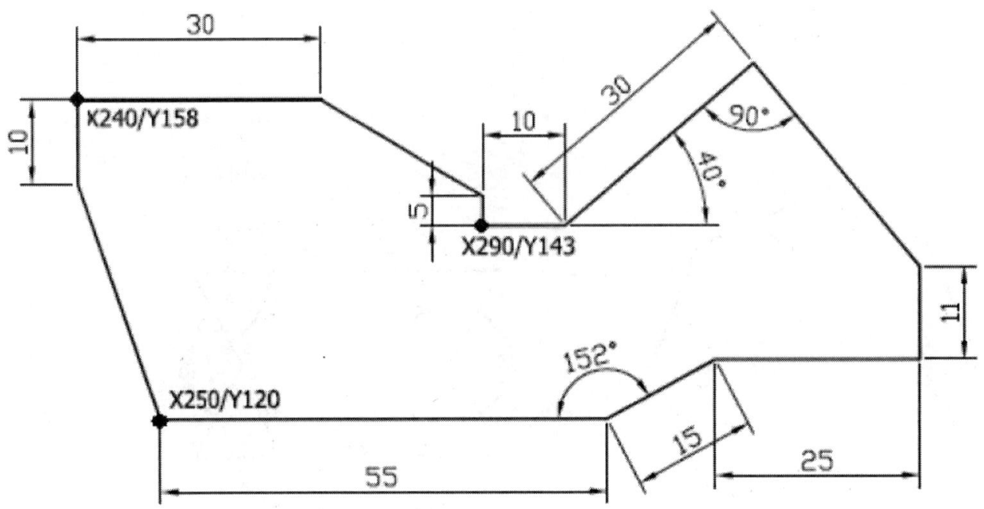

30
10
X240/Y158
10
30
90°
40°
5
X290/Y143
11
152°
X250/Y120
15
55
25

연습과제 6

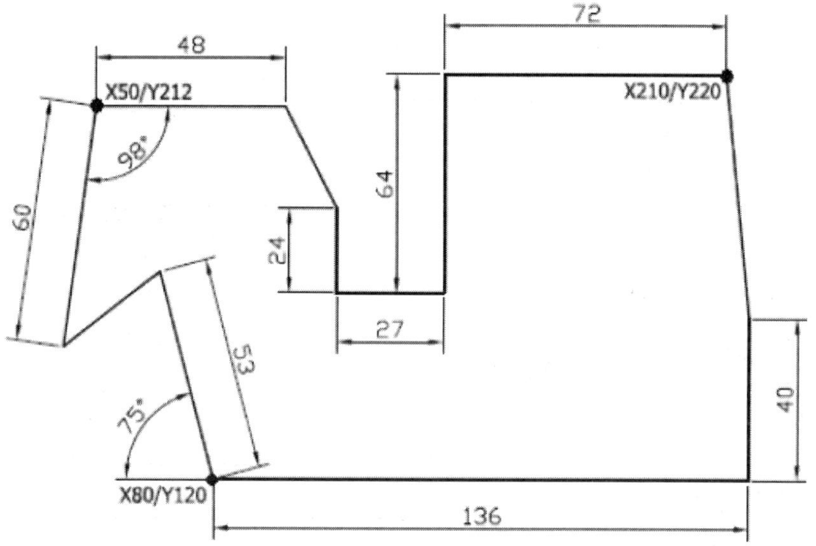

48
72
X50/Y212
X210/Y220
98°
64
60
24
27
53
75°
40
X80/Y120
136

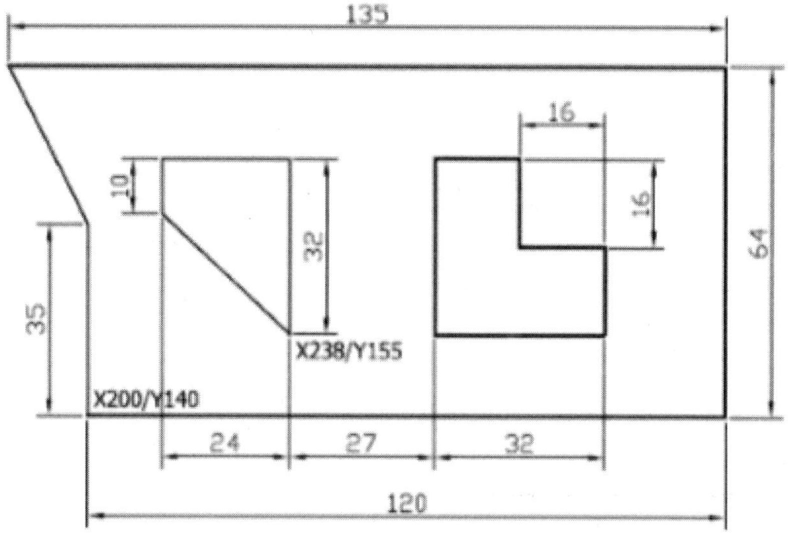

135
16
10
16
32
64
35
X238/Y155
X200/Y140
24
27
32
120

연습과제 7

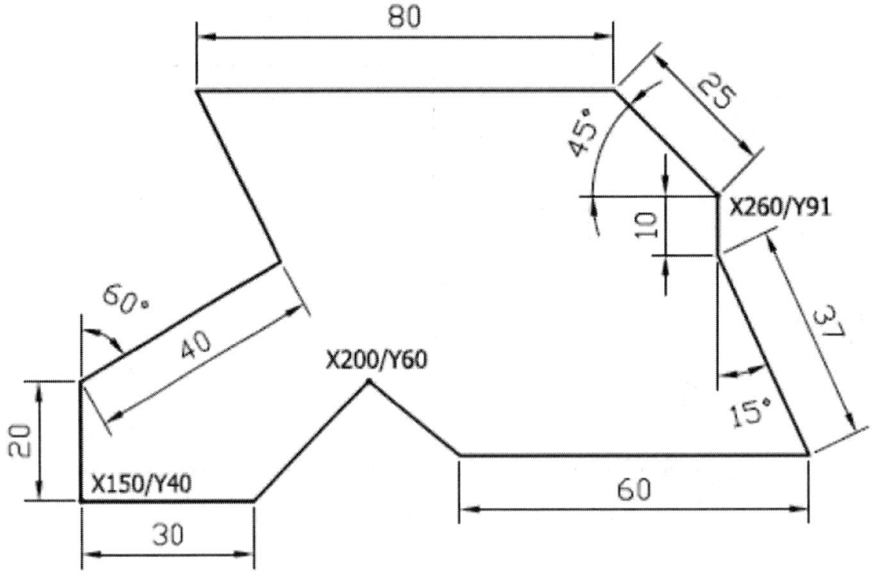
80
25
45°
X260/Y91
10
60°
40
37
X200/Y60
15°
20
X150/Y40
60
30

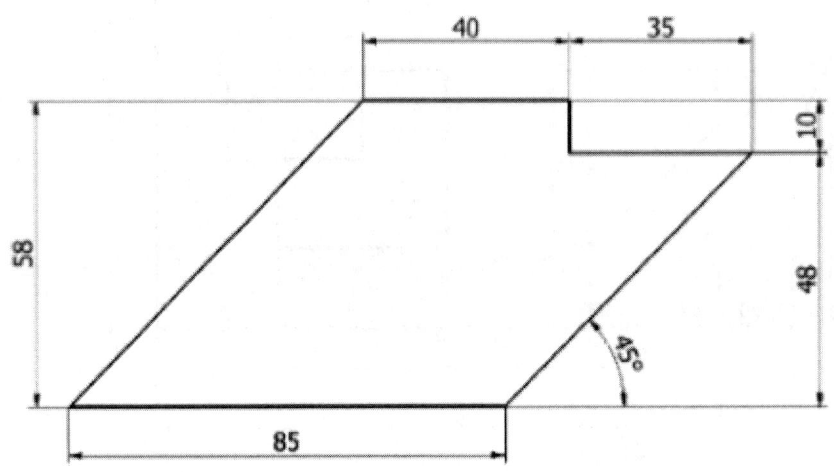
40
35
10
58
48
45°
85

연습과제 8

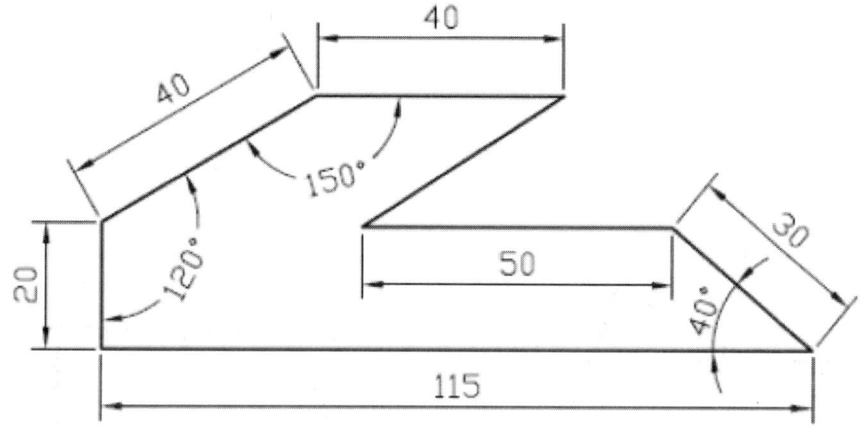

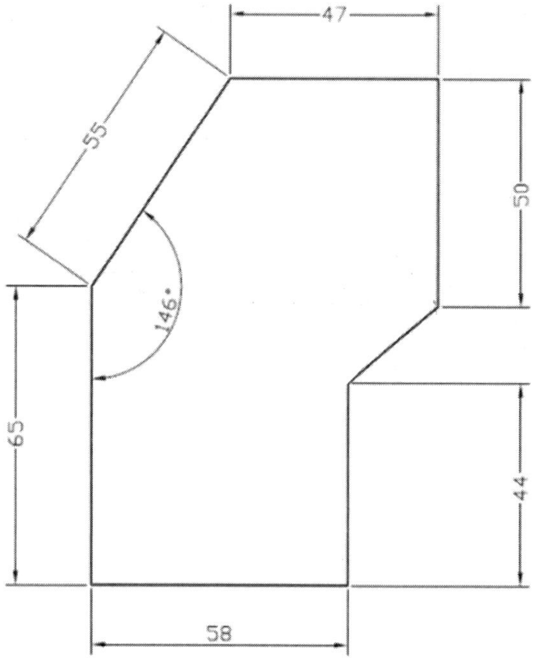

연습과제 9

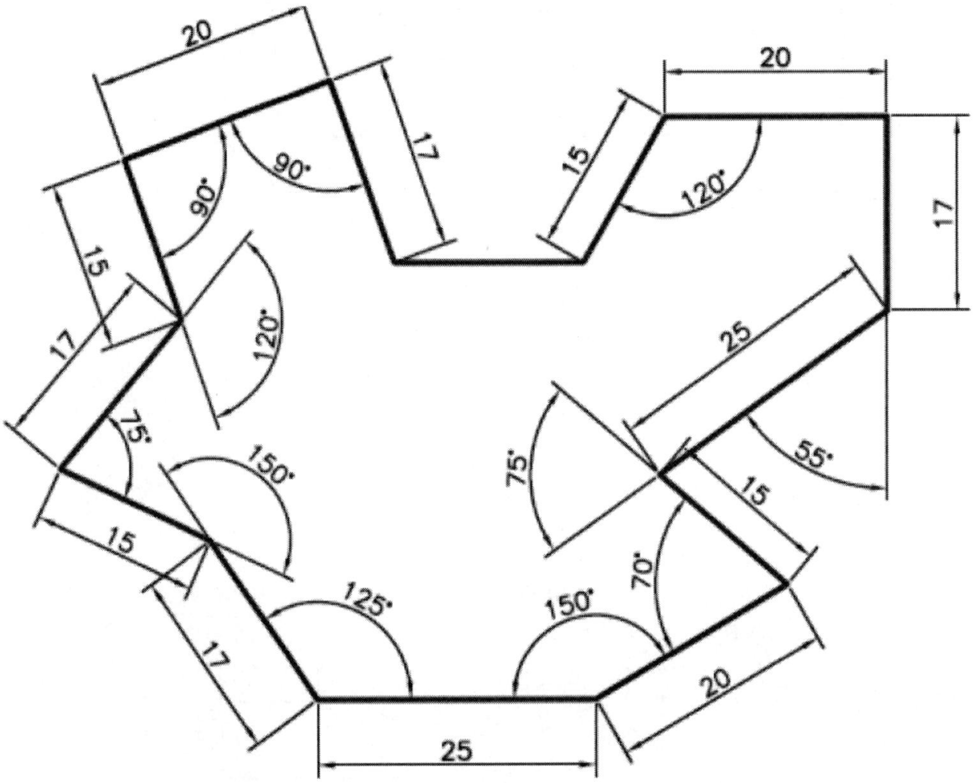

20
17
90°
90°
15
120°
20
17
15
17
120°
75°
150°
75°
25
55°
15
15
70°
17
125°
150°
20
25

4. 객체 스냅 (OSNAP)

특정 위치점 찾기

1) 끝 점 : 선이나 호 등의 끝점
2) 중간점 : 선이나 호 등의 중간점
3) 중심점 : 원, 호 또는 타원의 중심점
4) 사분점 : 원, 호, 타원의 0도, 90도, 180도, 270도 점

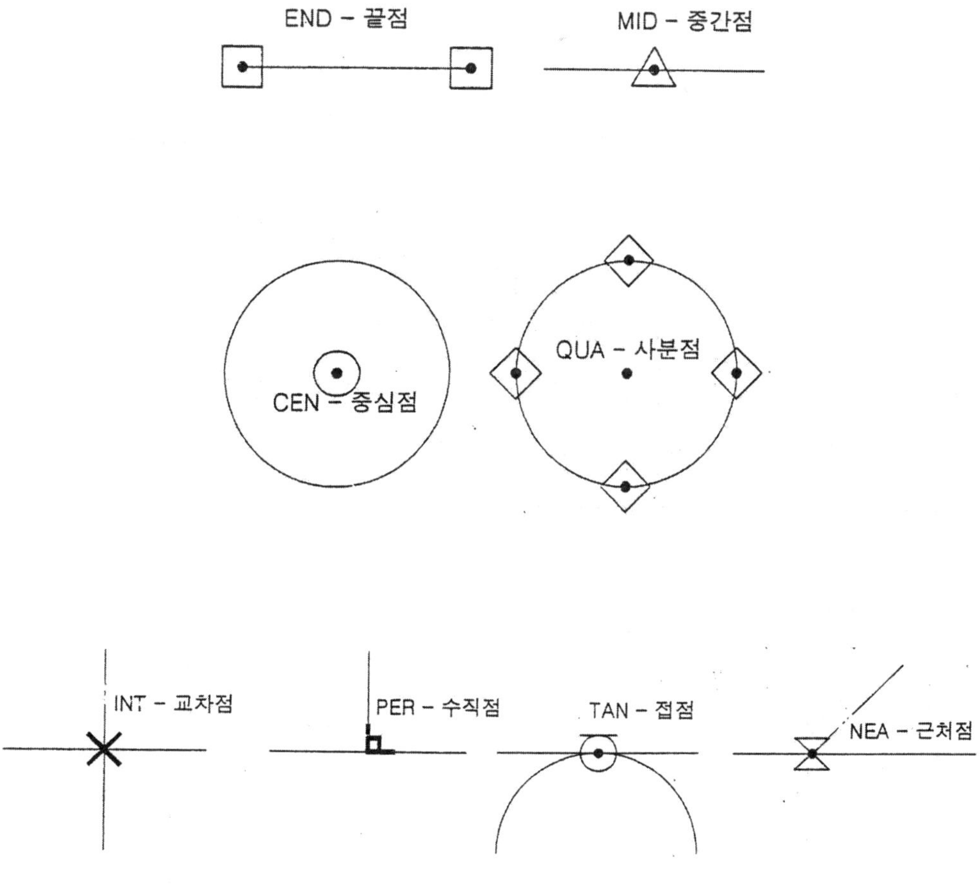

5. 이동 & 팬 & 줌 (MOVE & PAN & ZOOM) :

~ M & P & Z

1) 이동 : 객체 이동하기
2) 팬 : 화면 이동하기
3) 줌 : 객체 확대 또는 축소하기

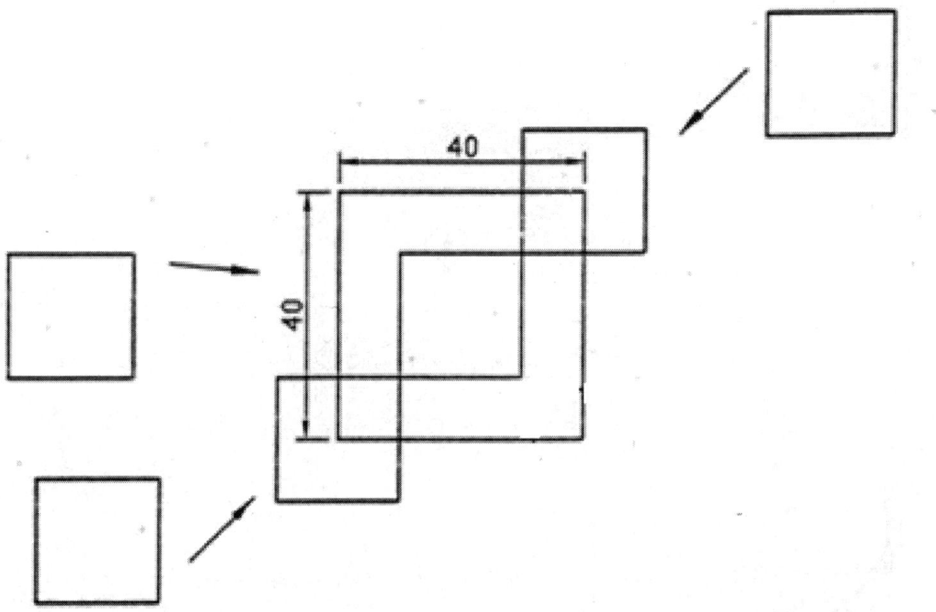

연습과제 10

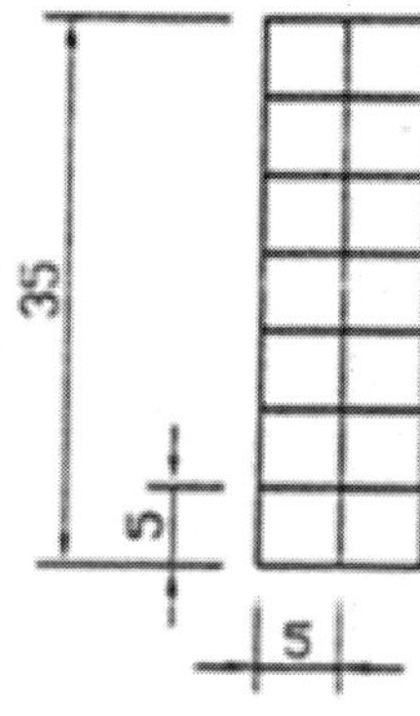

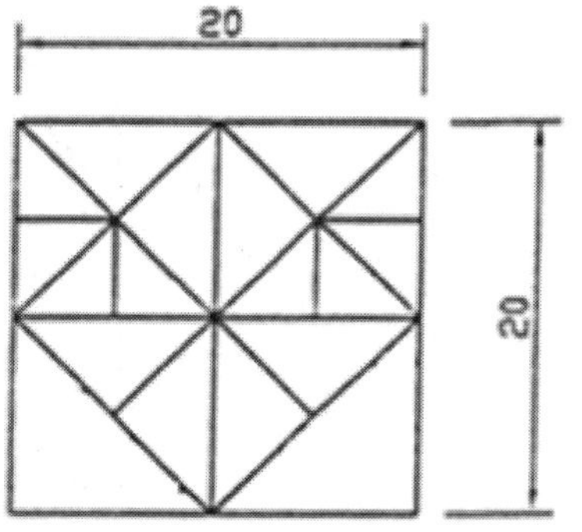

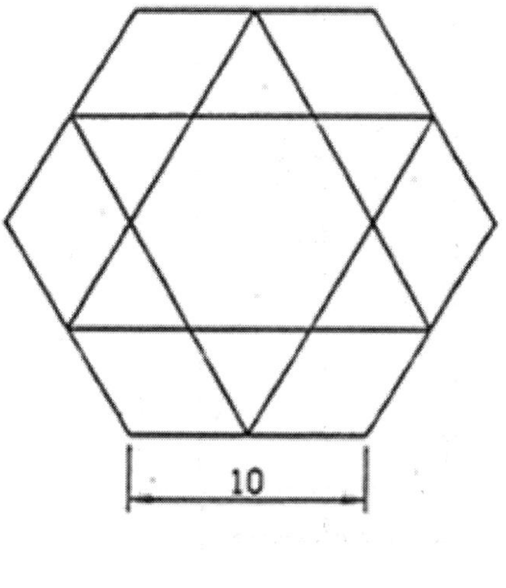

연습과제 11

※ 치수 10배하기

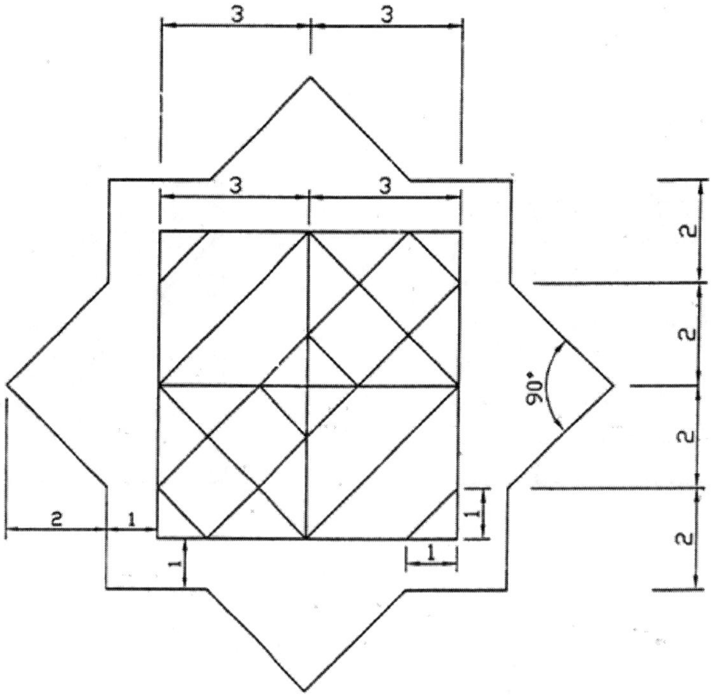

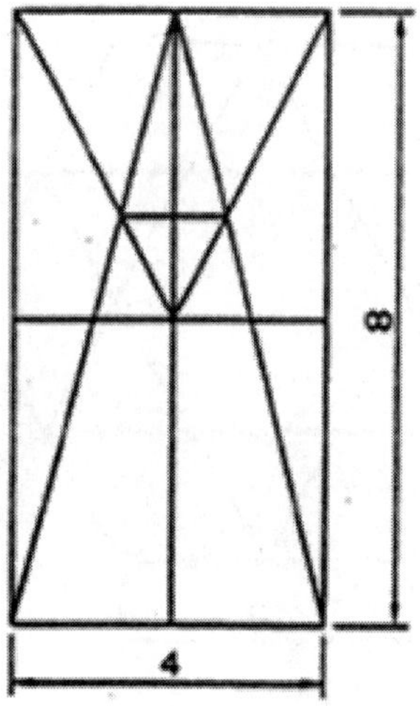

6. 원 (CIRCLE) : ~ c

원 그리기

☞ **~ RE :** 각 져있는 원이나 호 등을 둥글게 만들어 줌

※ 치수 10배하기

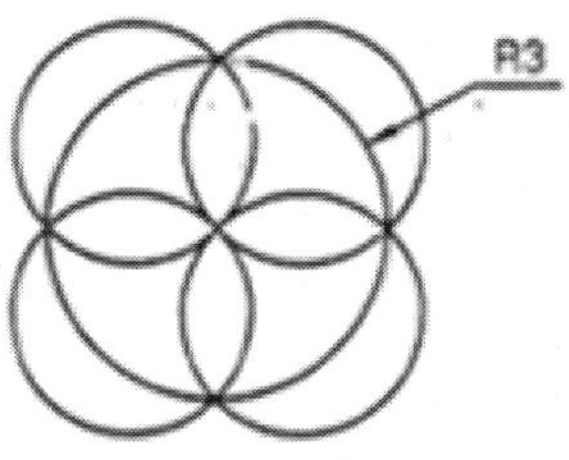

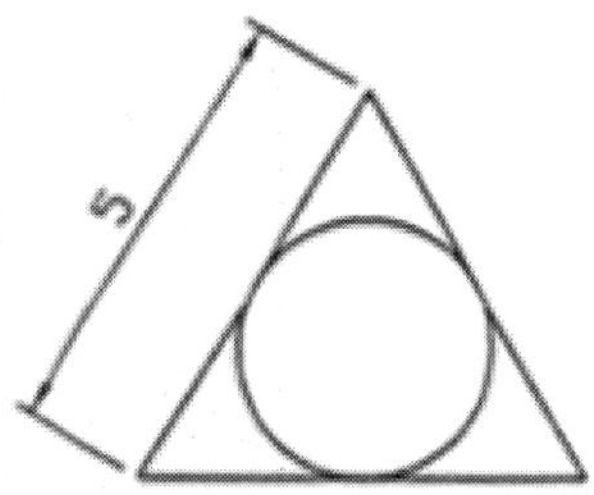

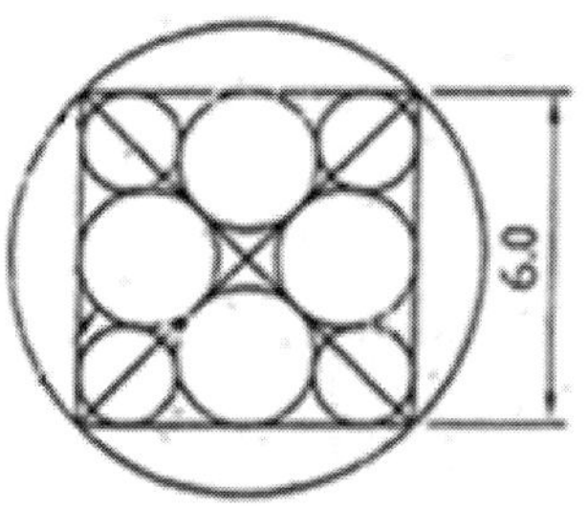

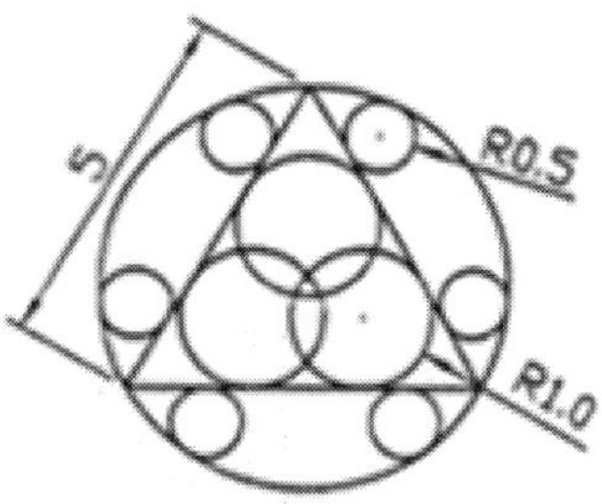

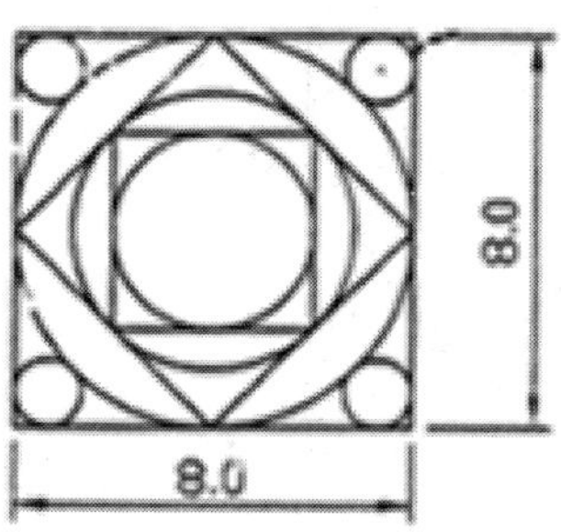

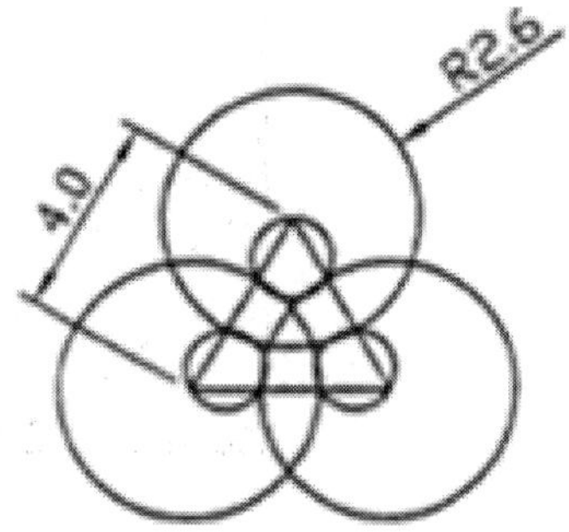

연습과제 12

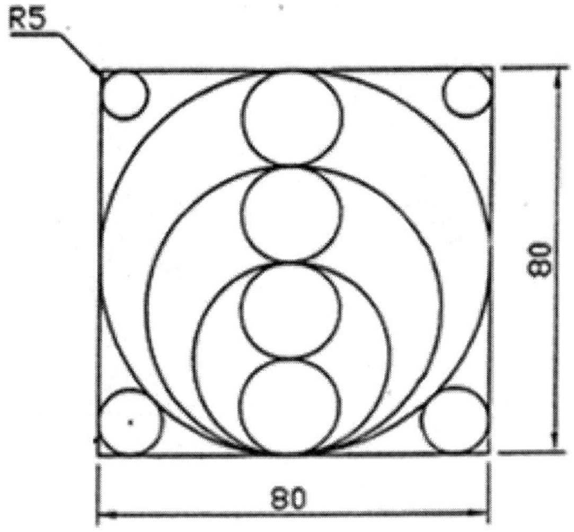

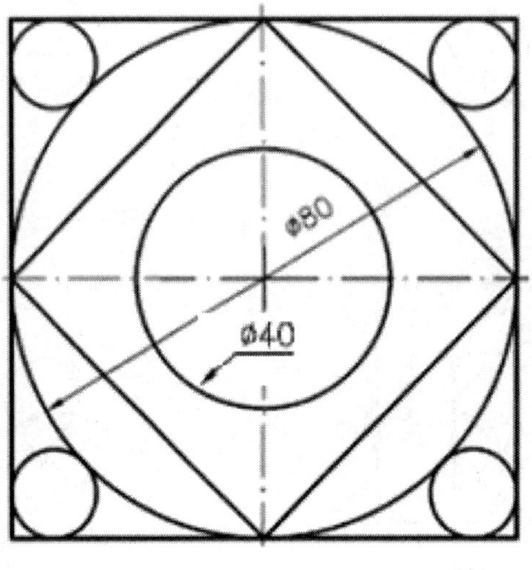

연습과제 13

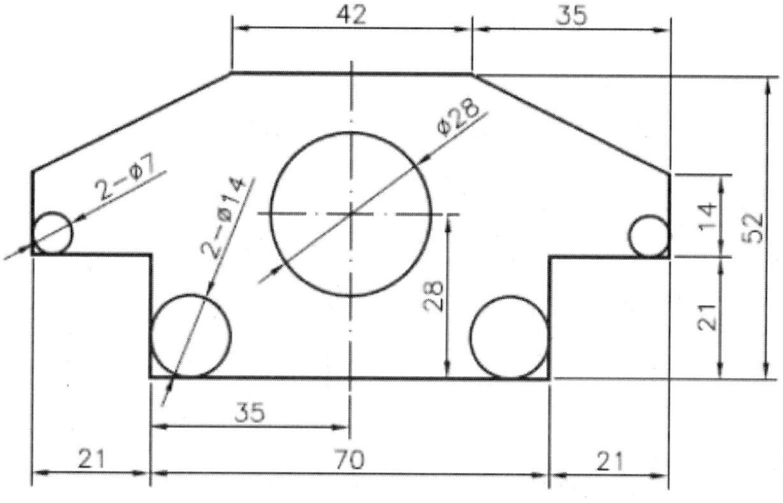

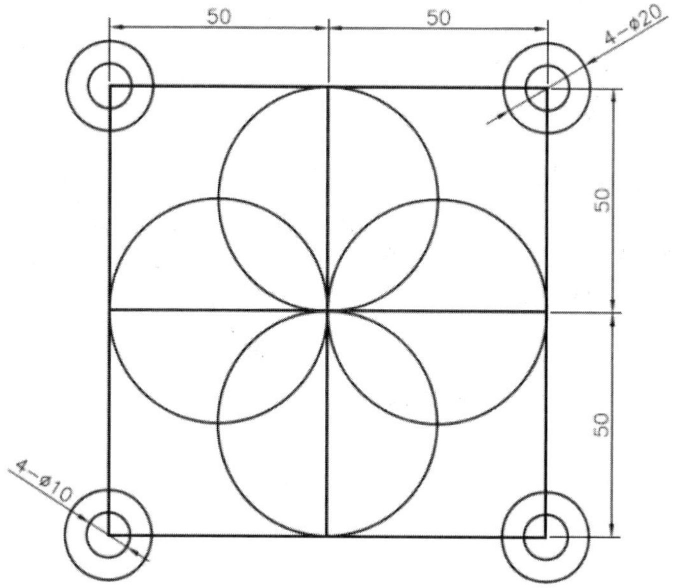

연습과제 14

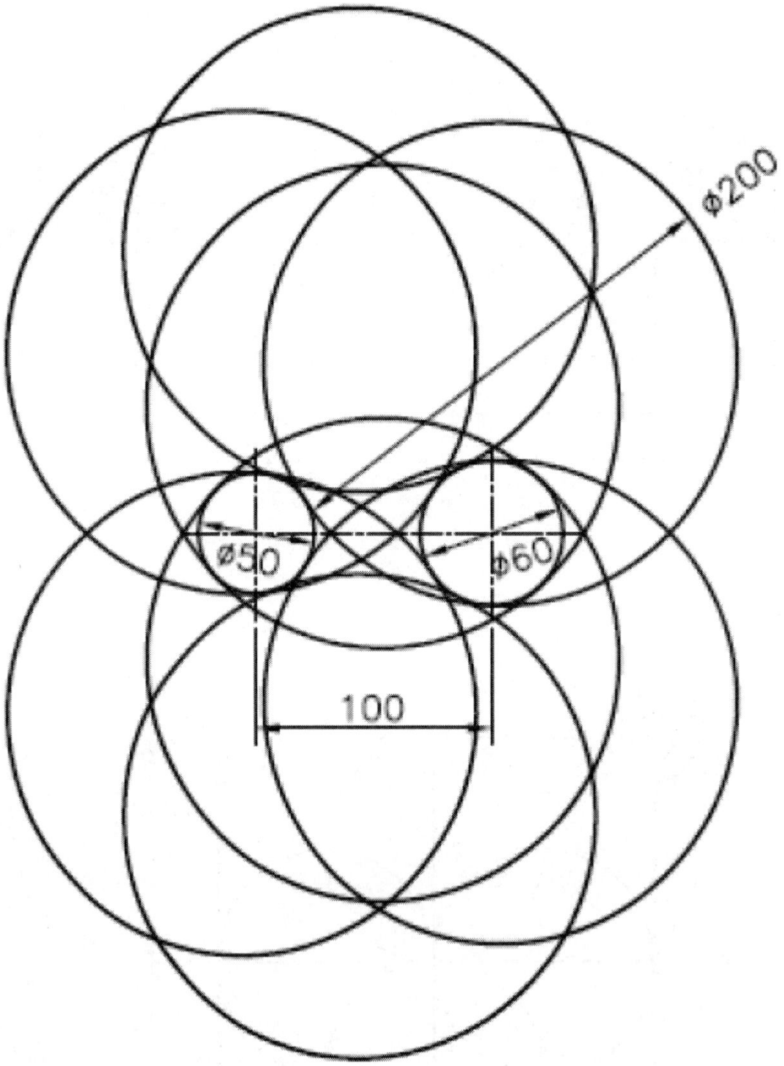

연습과제 15

(1) 10<30°

(2) 20<60°

(3) 30<90°

(4) 40<120°

·
·
·

(12) 120<360°

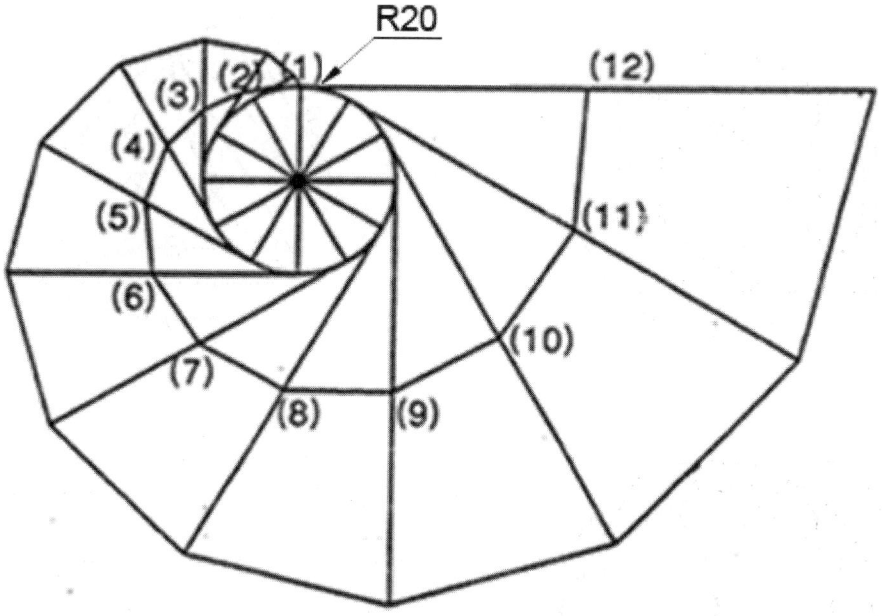

7. 호 (ARC) : ~ A

호 그리기

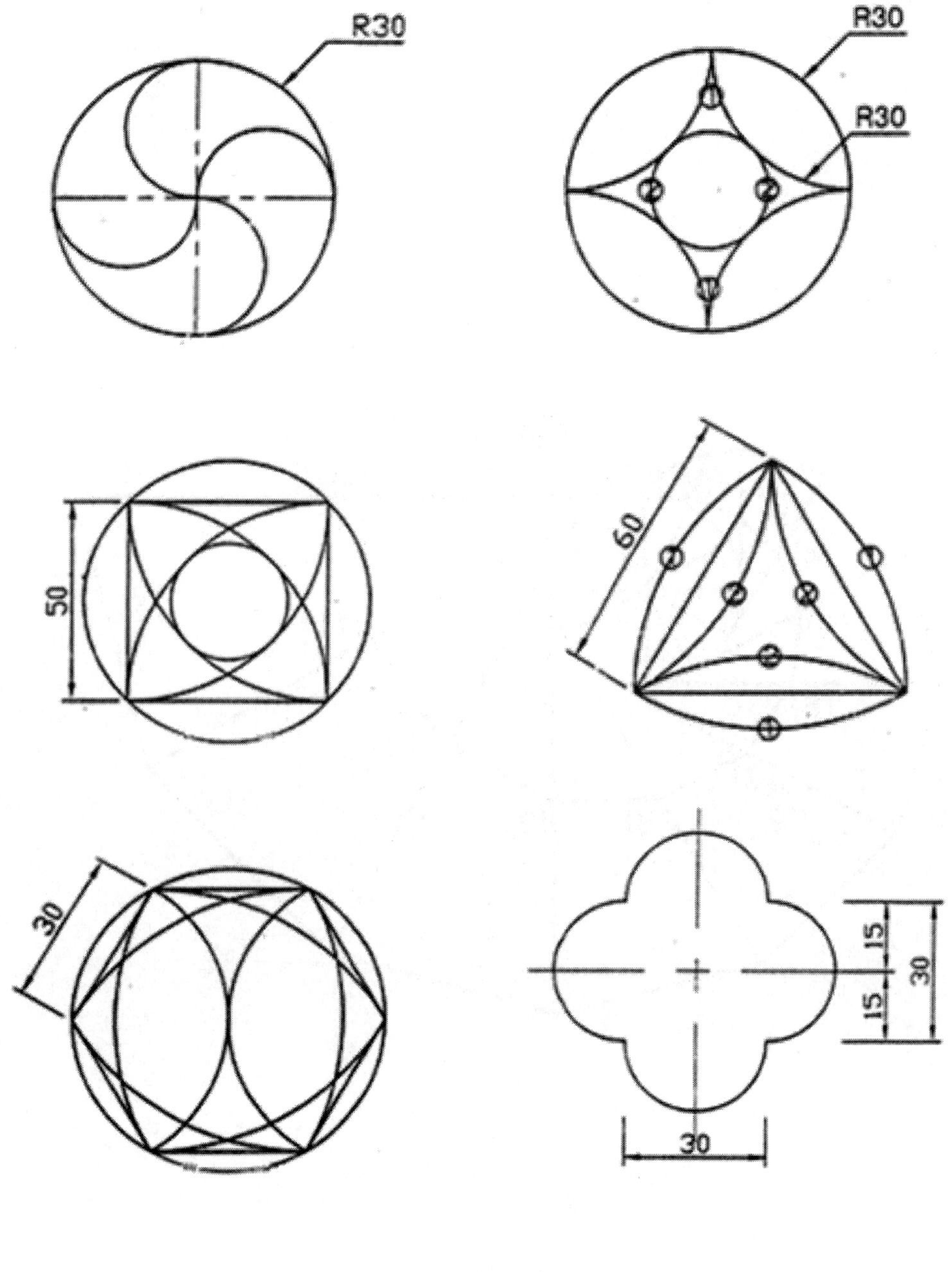

연습과제 16

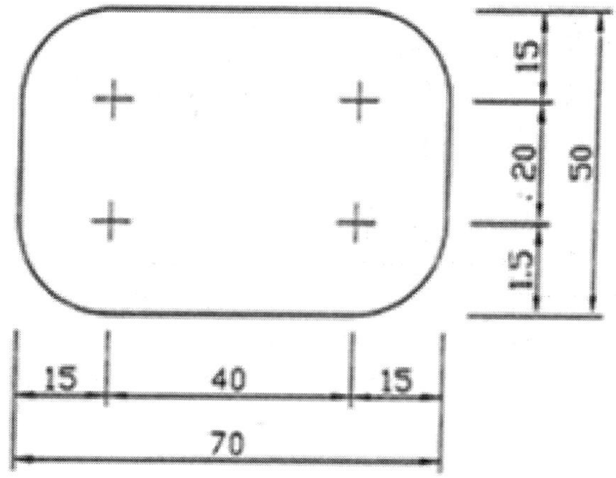

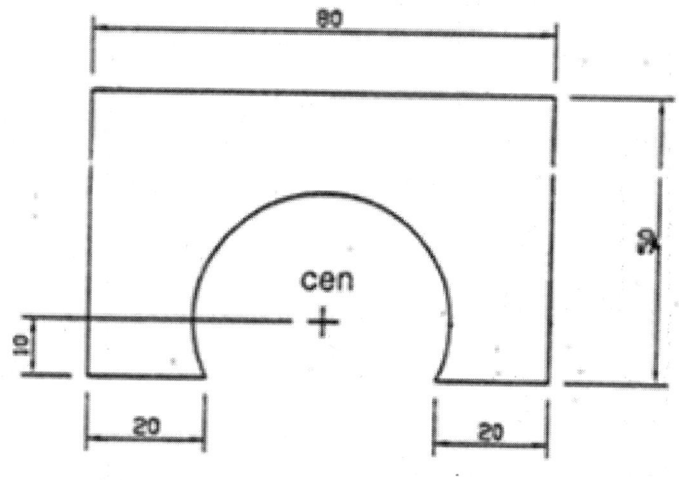

연습과제 17

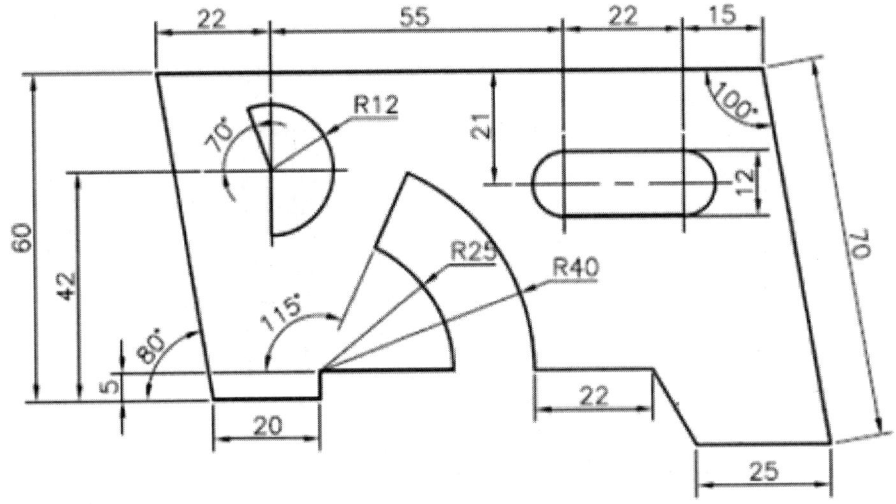

22
55
22
15
R12
70°
100°
21
12
60
42
70
R25
R40
115°
80°
5
20
22
25

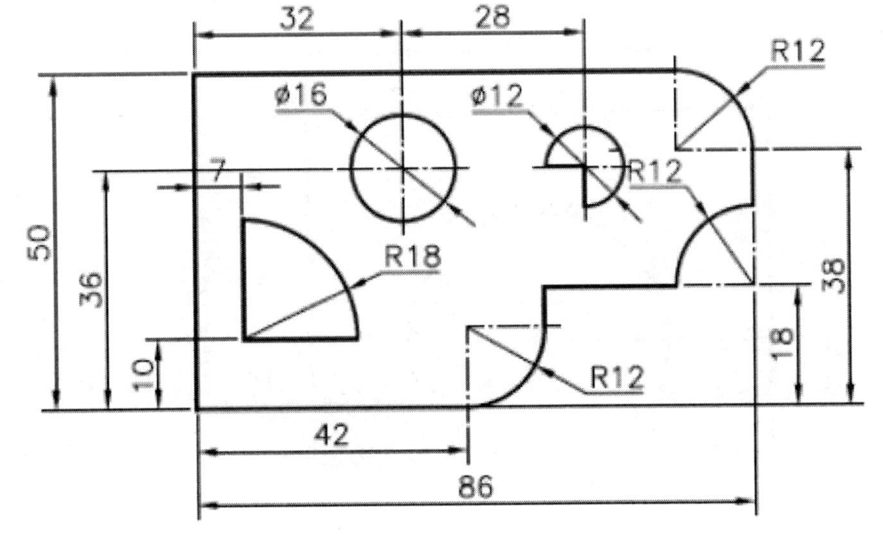

32
28
R12
ø16
ø12
7
R12
50
36
R18
38
18
10
R12
42
86

연습과제 18

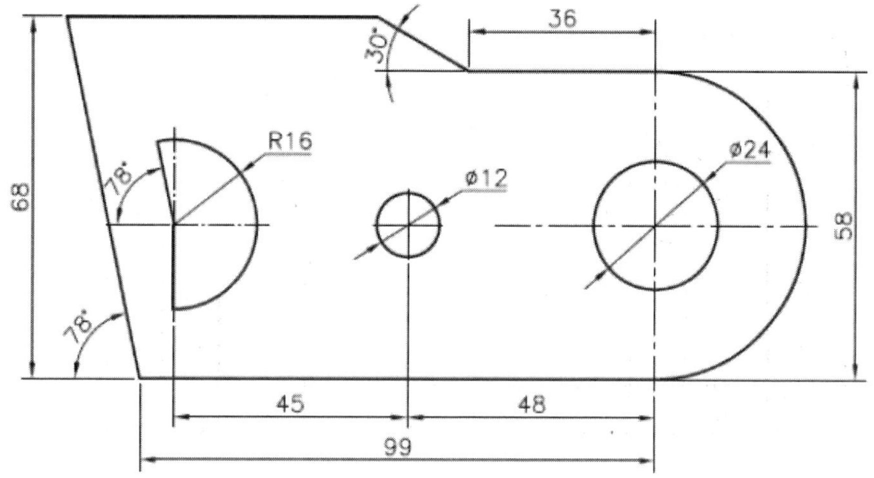
36
30°
R16
ø24
ø12
78°
68
58
78°
45
48
99

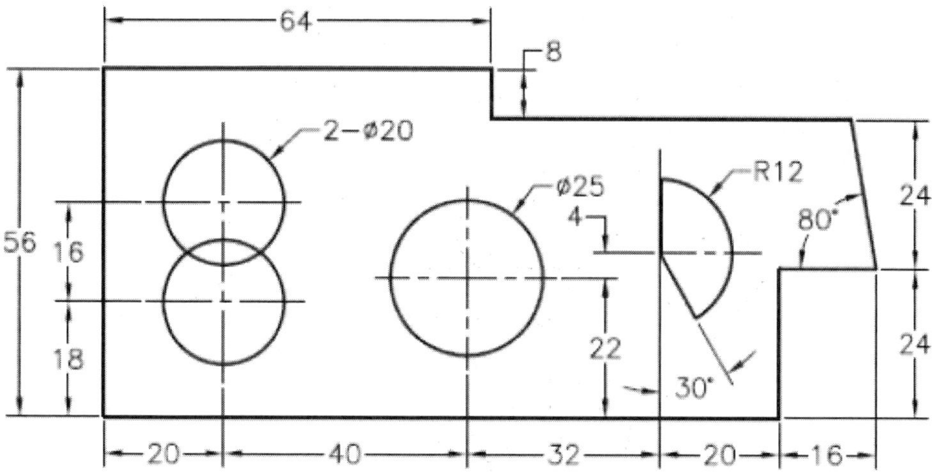
64
8
2-ø20
R12
ø25
4
24
80°
56
16
18
22
30°
24
20
40
32
20
16

연습과제 19

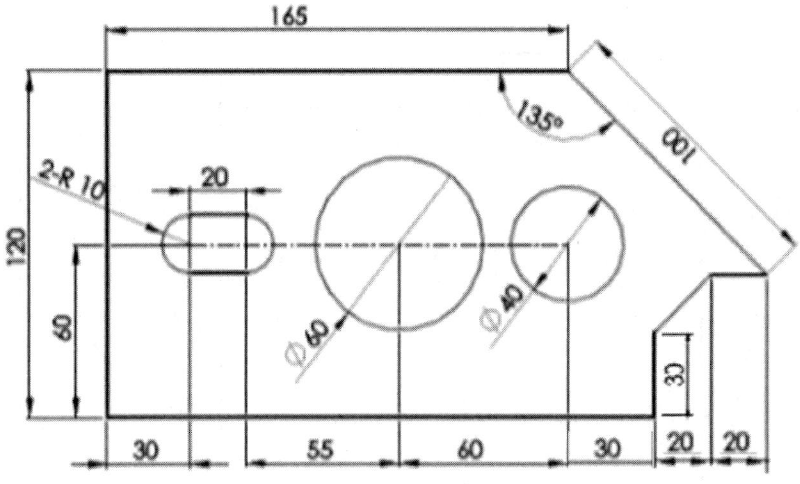
165
135°
100
2-R 10
20
120
60
Ø 60
Ø 40
30
30
55
60
30
20
20

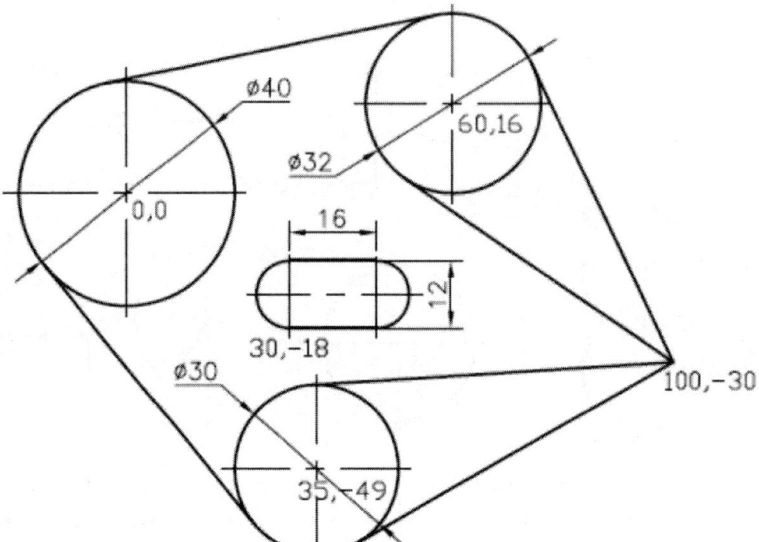
ø40
60,16
ø32
0,0
16
12
30,-18
ø30
100,-30
35,-49

8. 다각형 (POLYGON) : ~ POL

다각형 그리기

1) 원에 내접 (I) : 원에 내접하는 다각형
2) 원에 외접 (C) : 원에 외접하는 다각형
3) 모서리 (E) : 다각형의 한 변 길이를 지정하여 다각형을 그린다.

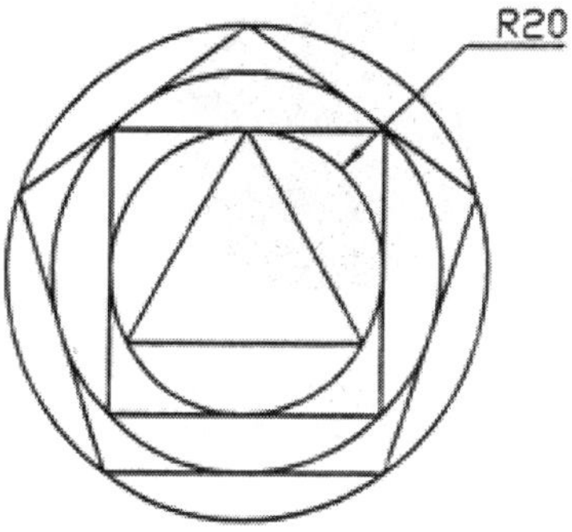

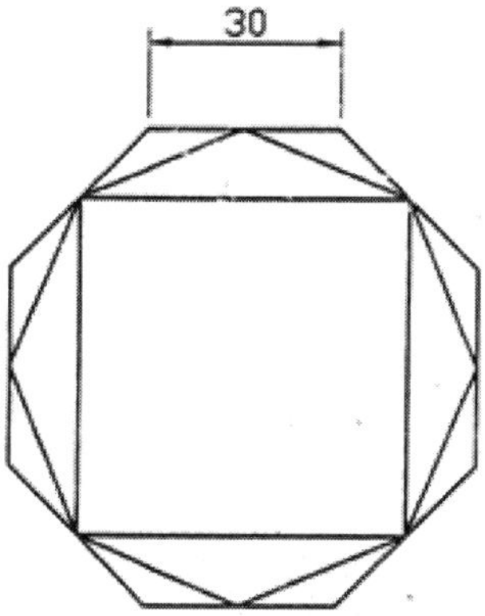

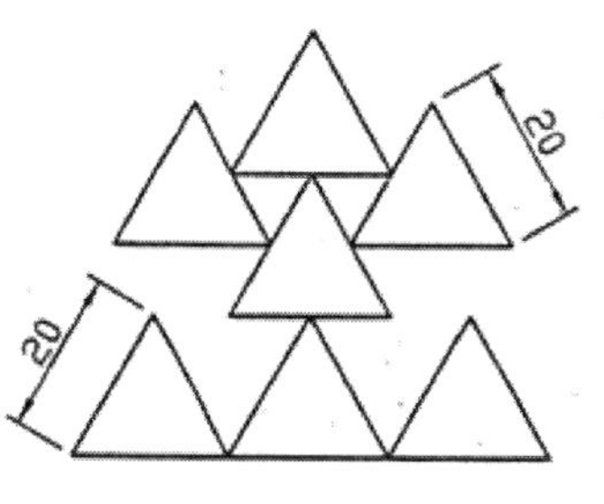

9. 도넛 (DONUT) : ~ DO

도넛 그리기

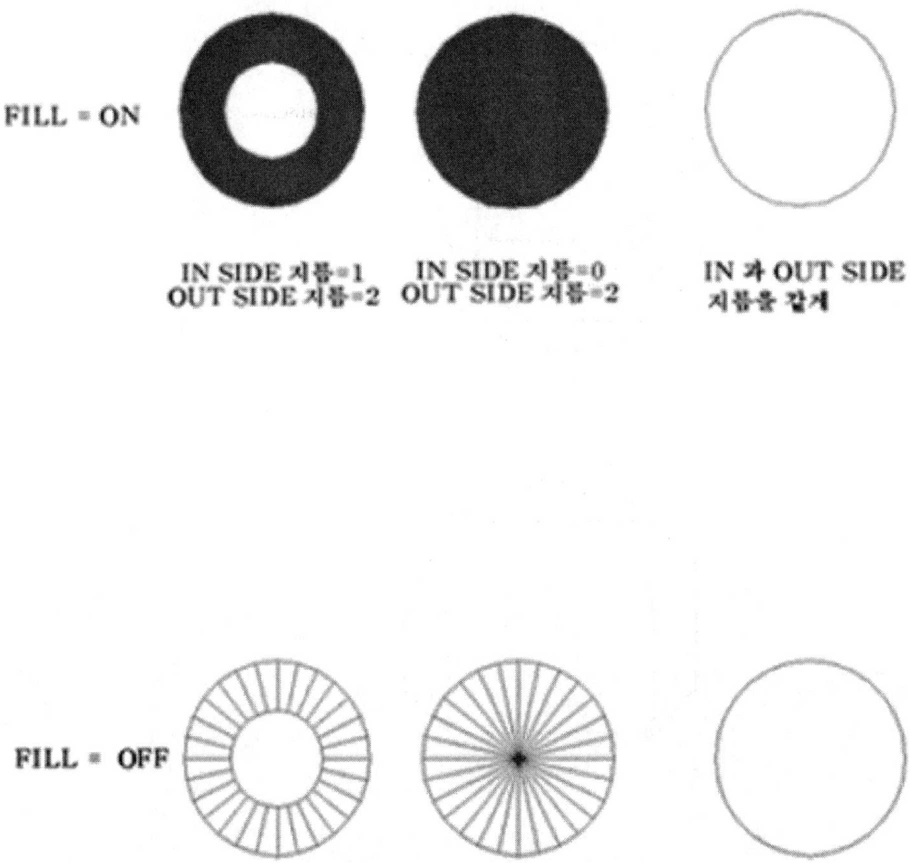

연습과제 20

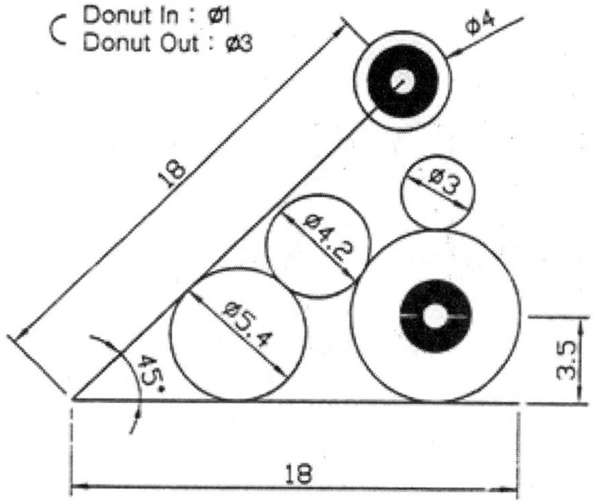

Donut In : ø1
Donut Out : ø3
ϕ4
18
ø3
ø4.2
ø5.4
45°
3.5
18

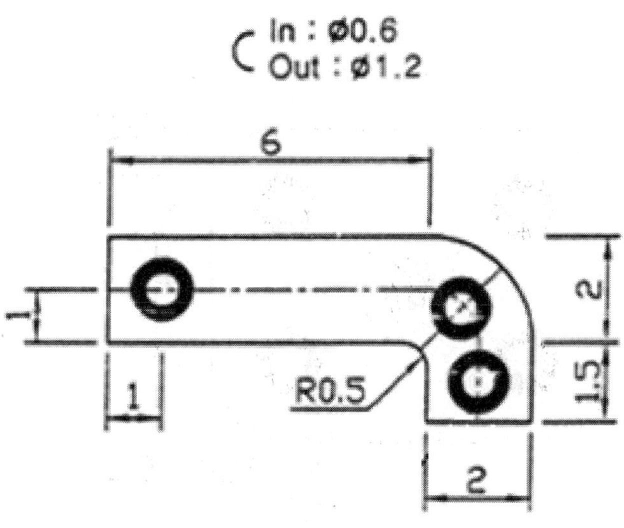

In : ø0.6
Out : ø1.2
6
1
2
1.5
1
R0.5
2

연습과제 21

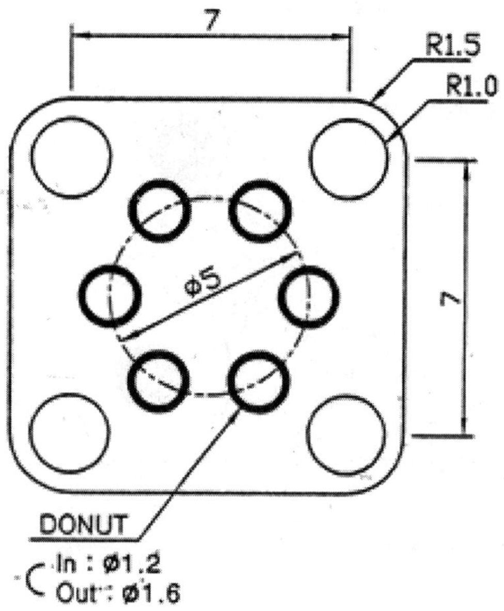
7
R1.5
R1.0
ø5
7
DONUT
In : ø1.2
Out : ø1.6

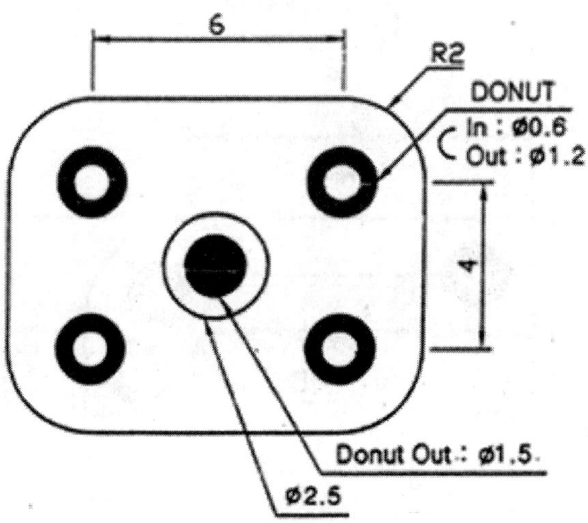
6
R2
DONUT
In : ø0.6
Out : ø1.2
4
Donut Out : ø1.5
ø2.5

10. 치수 (Dimension) : ~ DIM

객체의 치수 입력하기

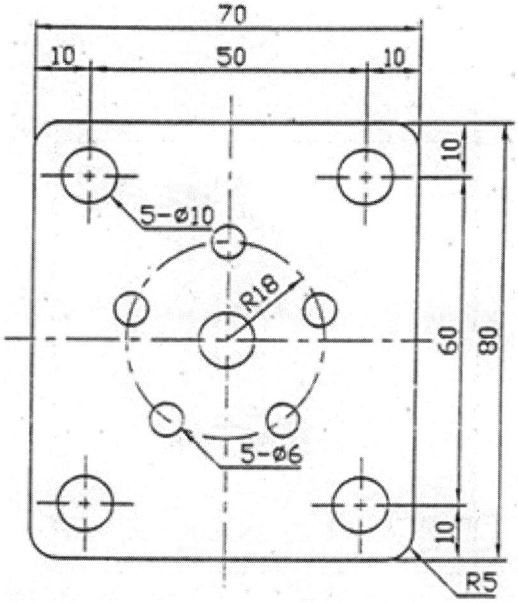

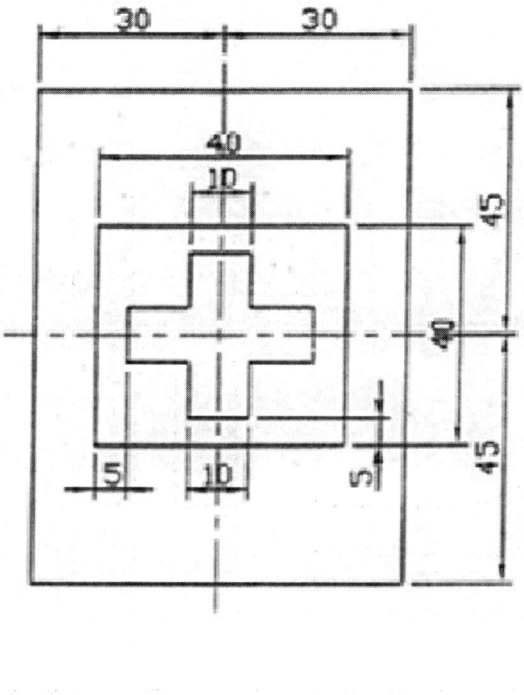

연습과제 22

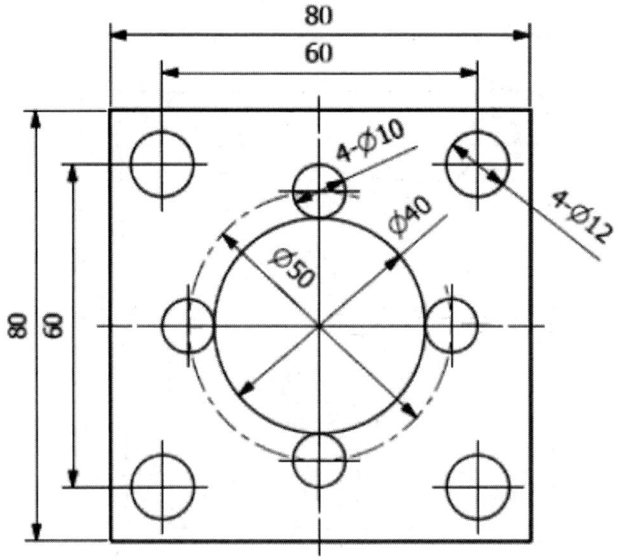

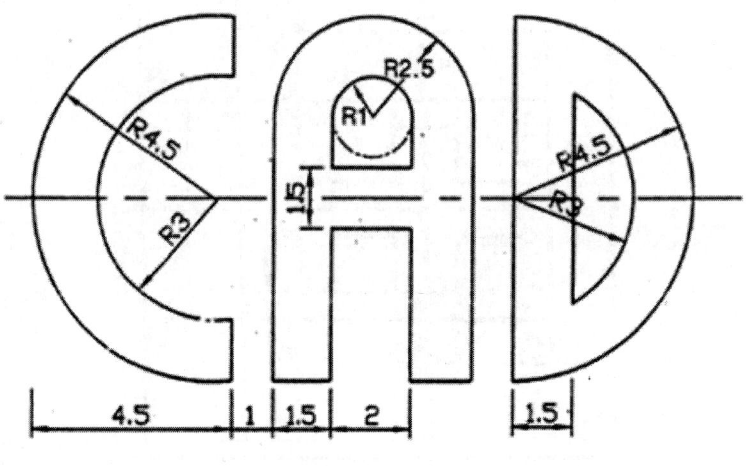

11. 자르기 (TRIM) : ~ TR

교차된 부분 자르기

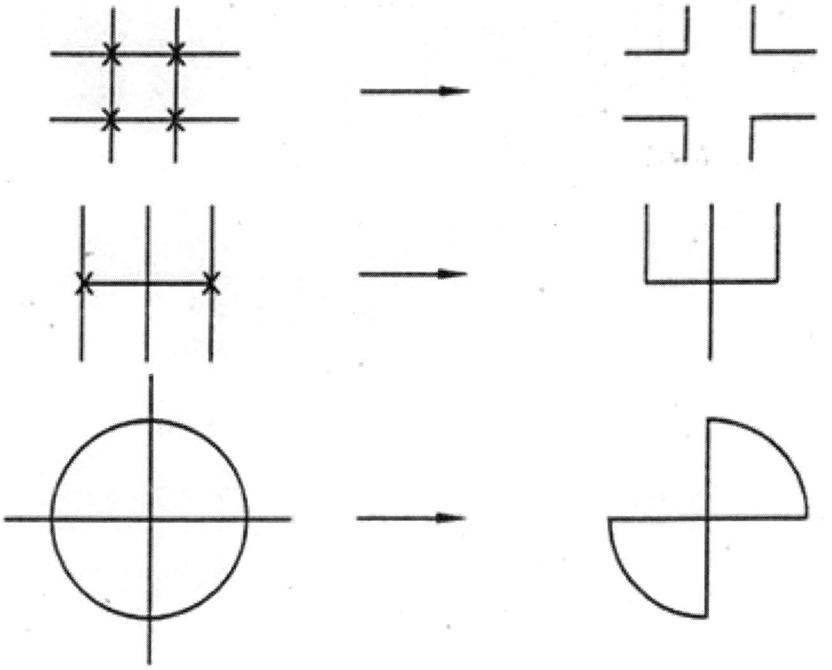

연습과제 23

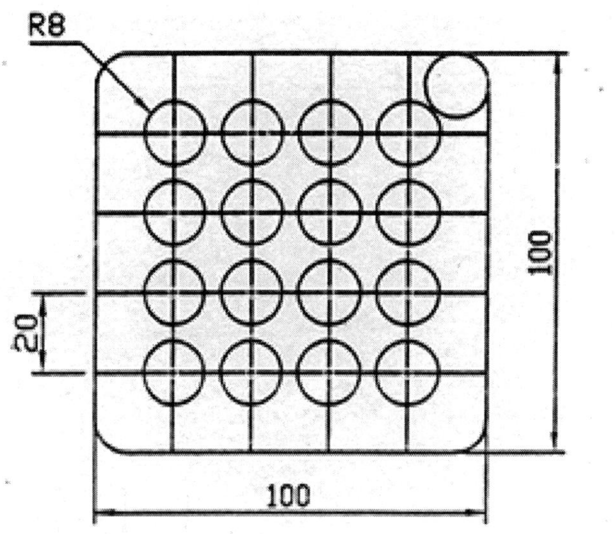

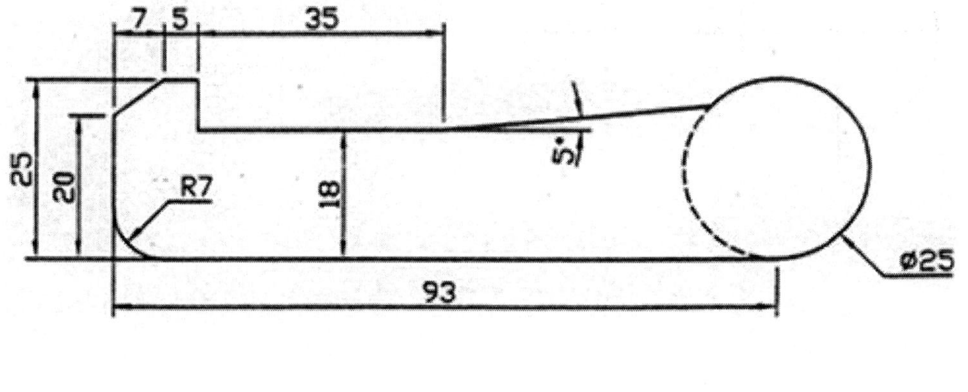

연습과제 24

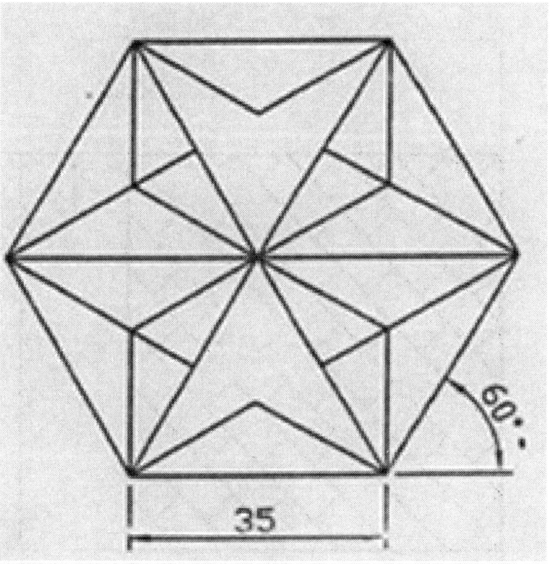

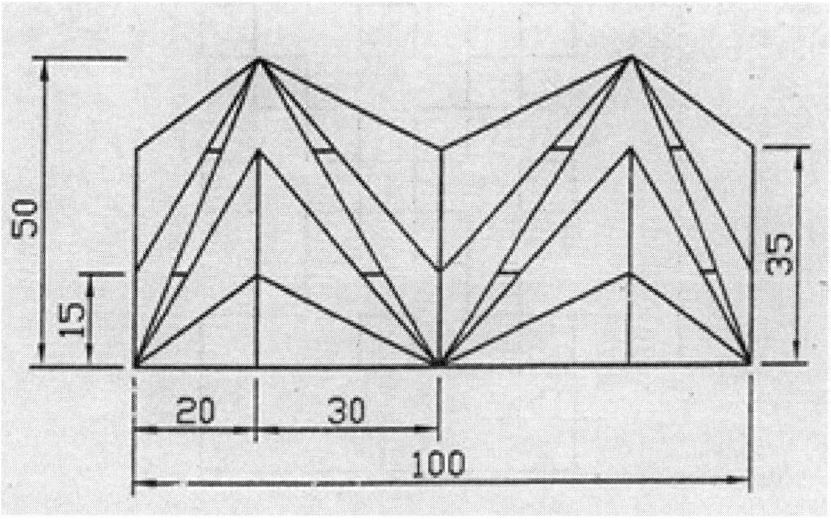

연습과제 25

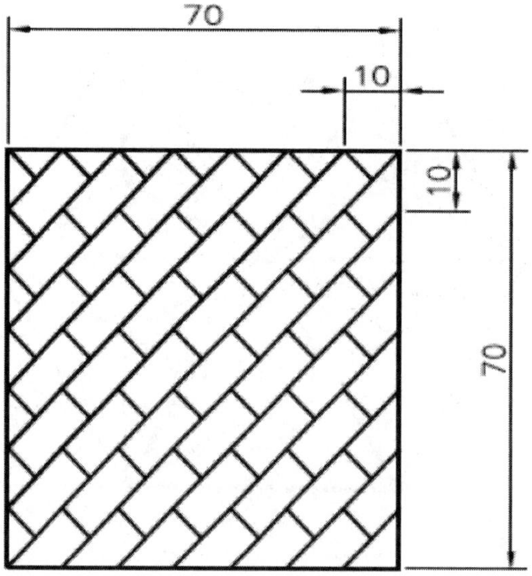

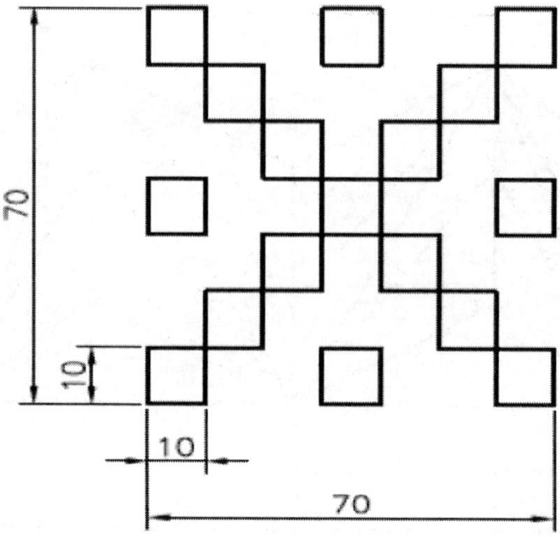

연습과제 26

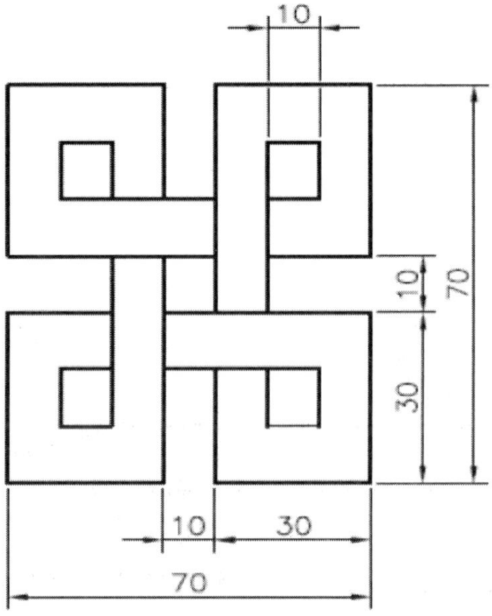

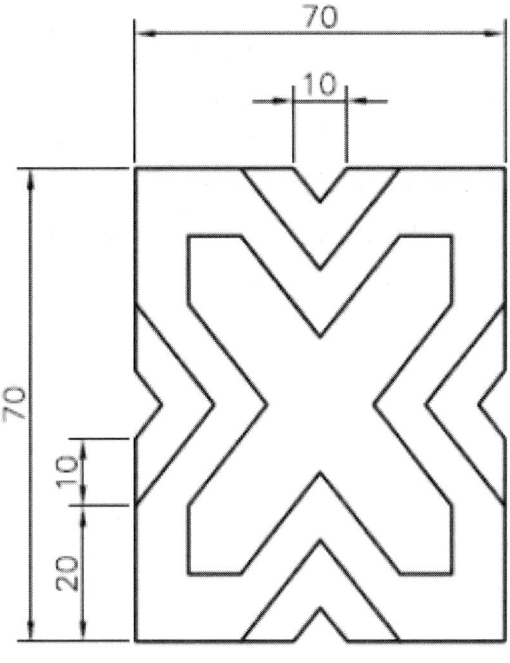

연습과제 27

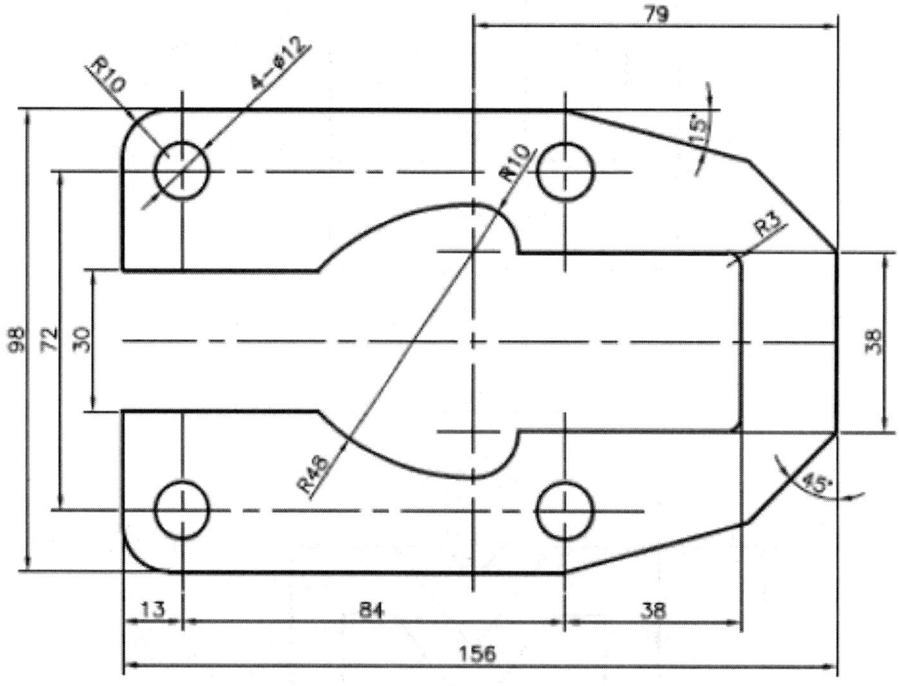

12. 간격띄우기 (OFFSET) : ~ o

객체 평행 복사하기

1) 선 : 평행복사

2) 원, 호 : R값만큼 늘어난다.

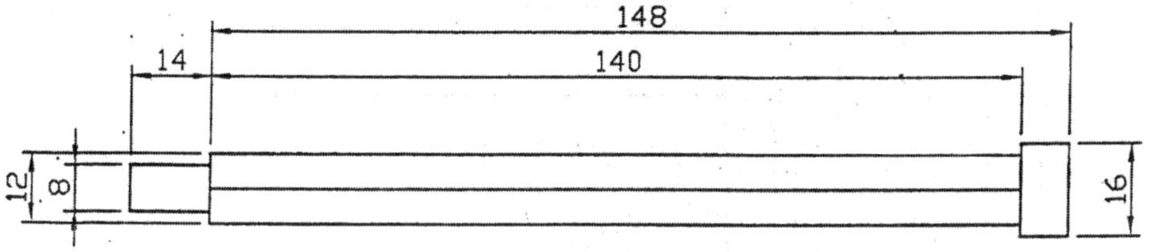

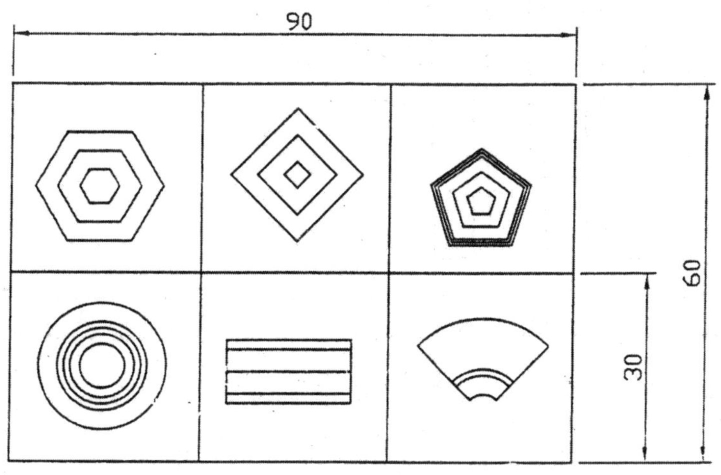

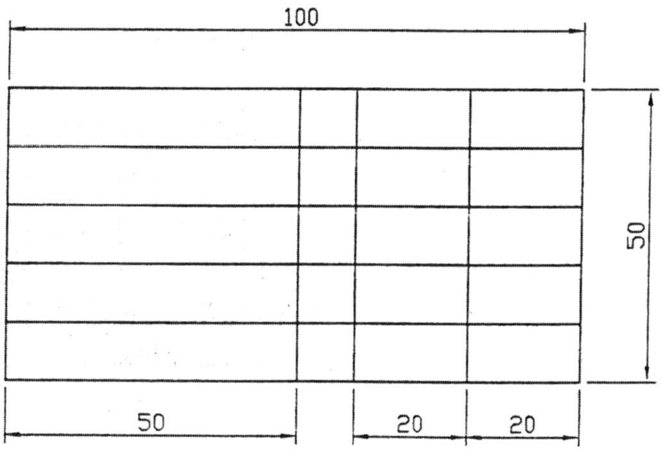

연습과제 28

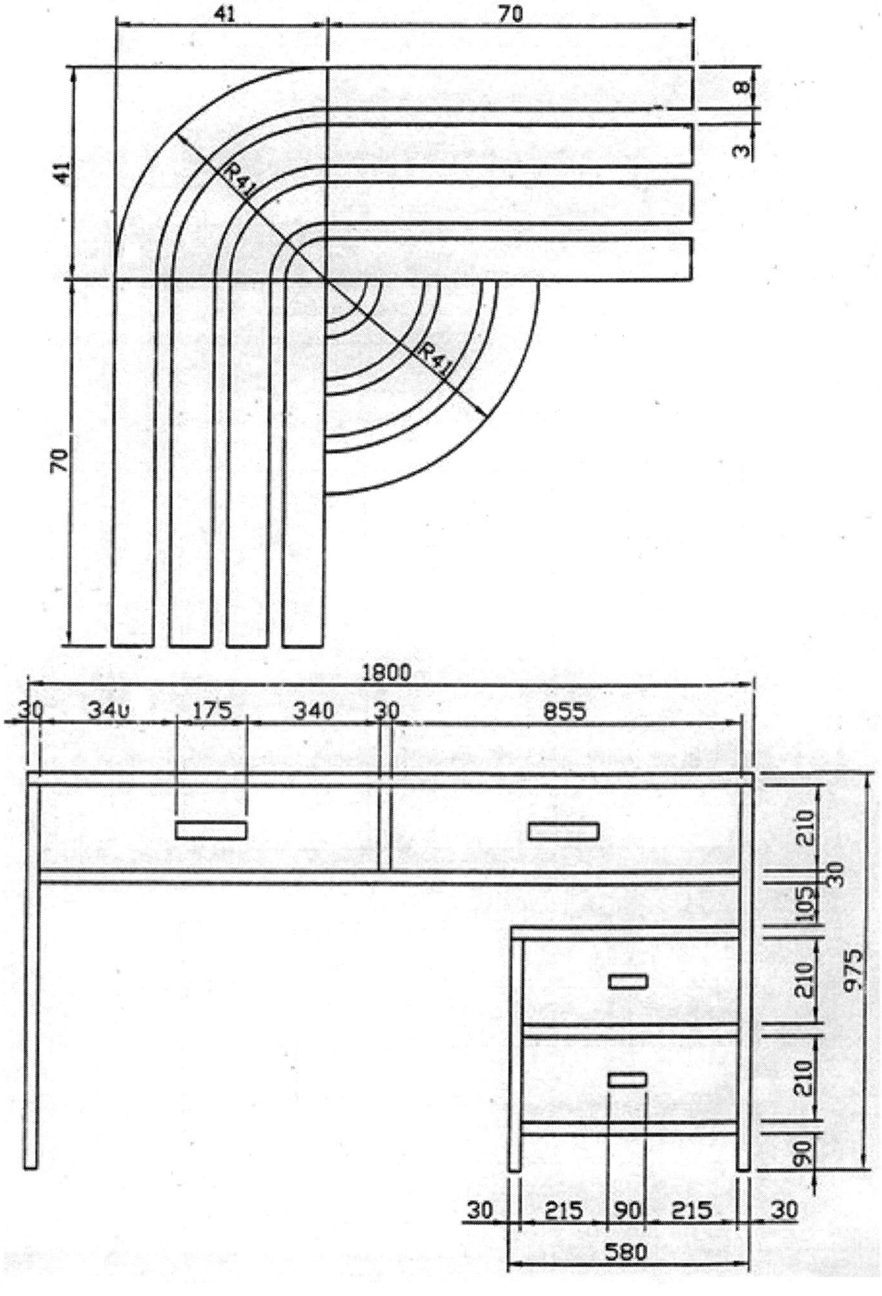

41
70
8
3
R41
R41
41
70
1800
30
34υ
175
340
30
855
210
30
105
210
975
210
90
30
215
90
215
30
580

연습과제 29

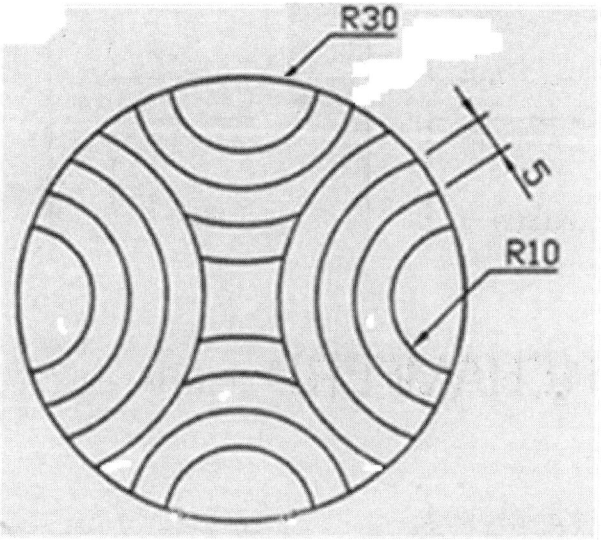

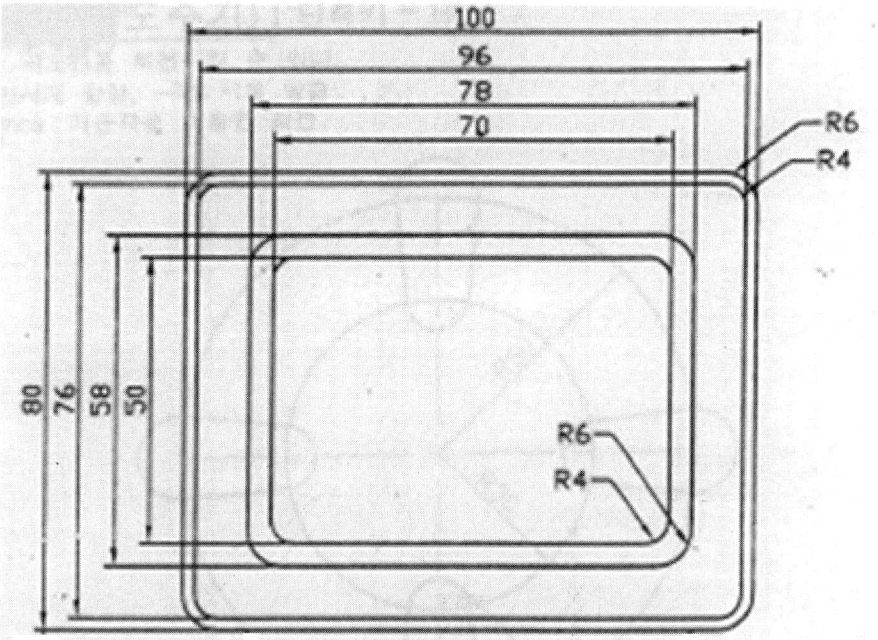

13. 모깎기 (FILLET) : ~ F

모깎기 반지름 설정하고, 모깎기 할 두 개의 객체 선택

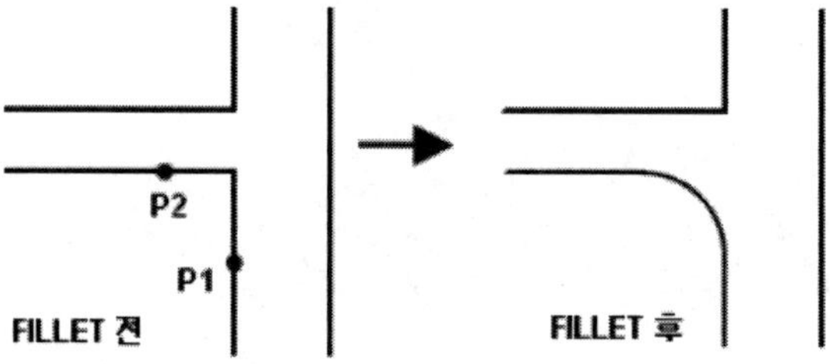

14. 모따기 (CHAMFER) : ~ CHA

1) 거리 : 길이 값을 이용
2) 각도 : 길이와 각도 값을 이용

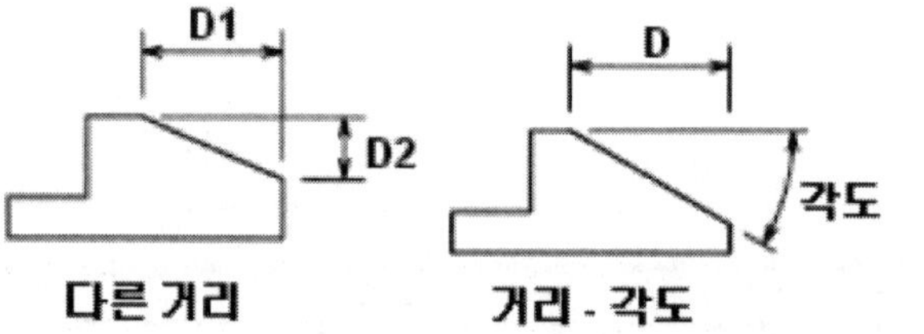

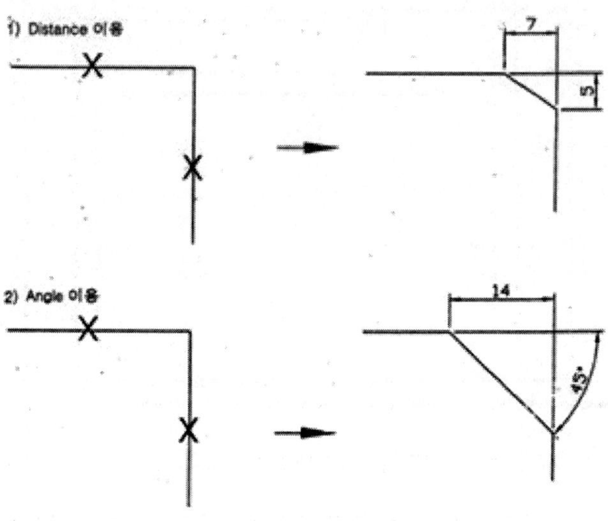

연습과제 30

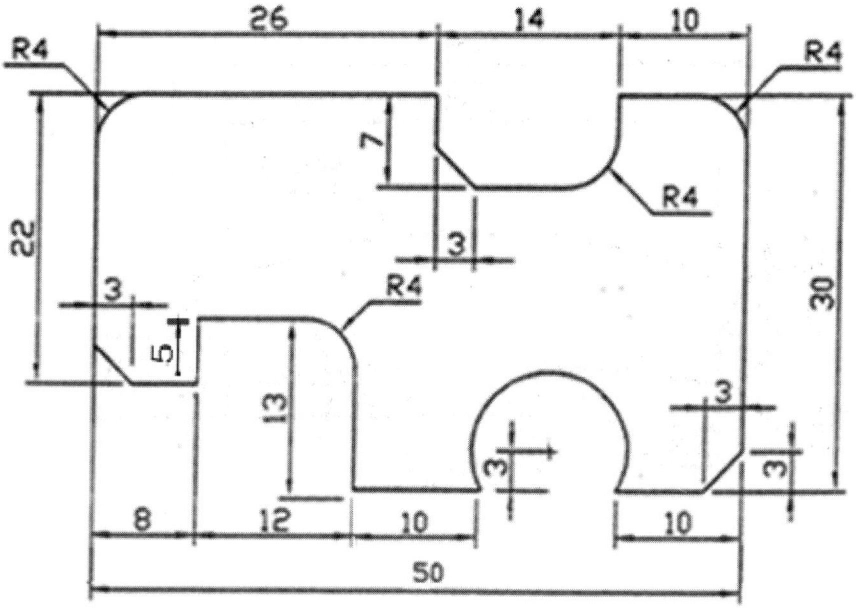

26
14
10
R4
R4
7
R4
3
22
30
3
R4
5
13
3
3
3
8
12
10
10
50

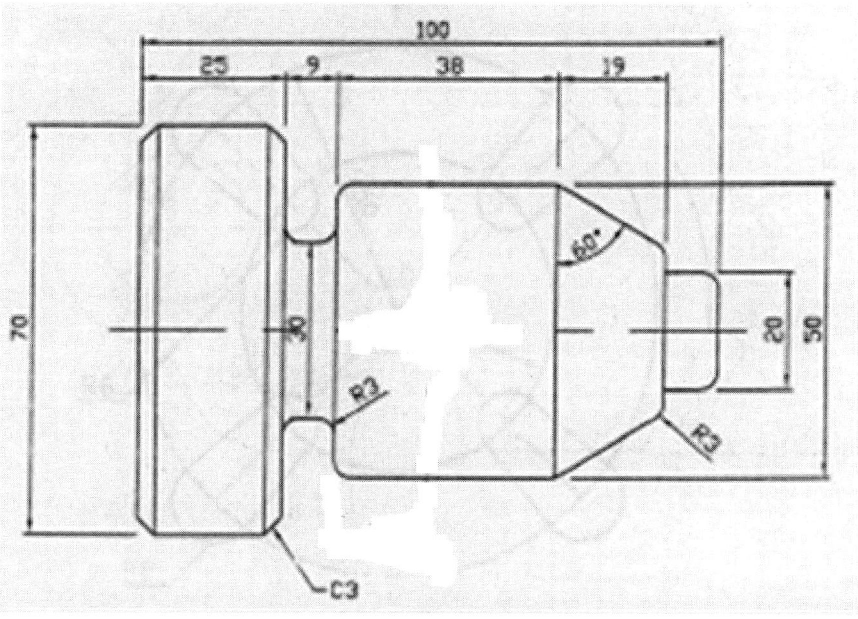

100
25
9
38
19
60°
70
30
20
50
R3
R3
C3

연습과제 31

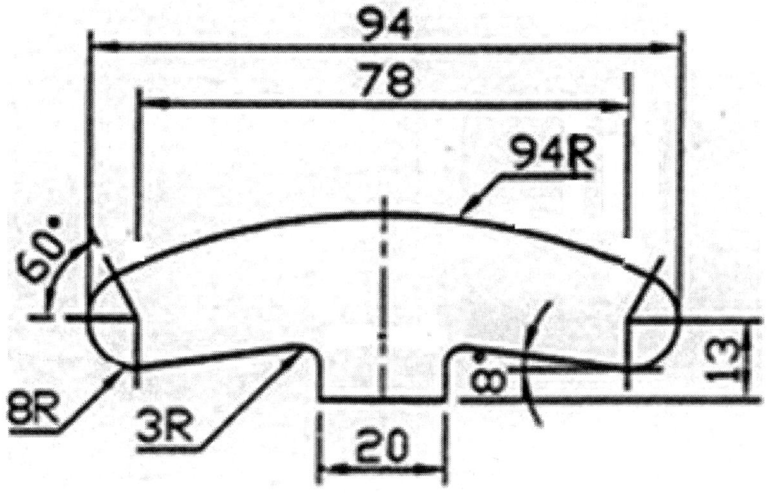
94
78
94R
60°
8R
3R
20
8°
13

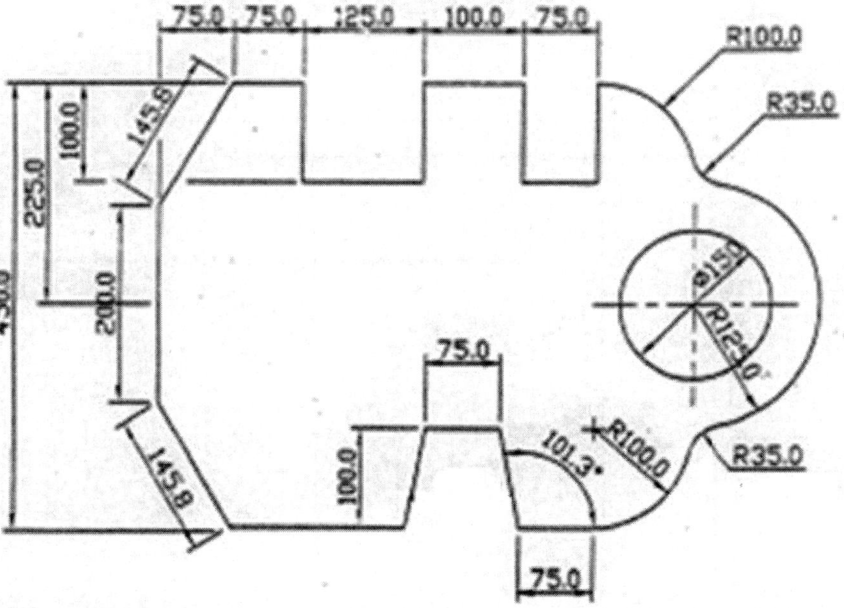
75.0
75.0
125.0
100.0
75.0
R100.0
R35.0
145.8
100.0
225.0
450.0
200.0
ø150
R125.0
75.0
R100.0
101.3°
R35.0
100.0
145.8
75.0

연습과제 32

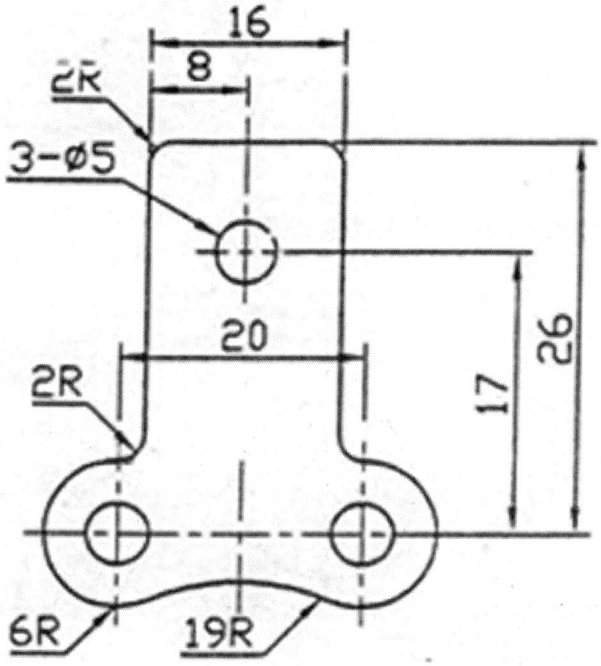

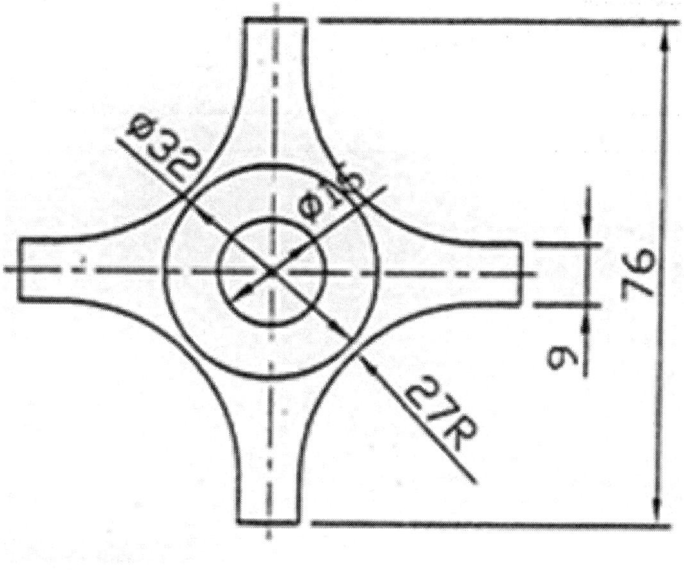

연습과제 33

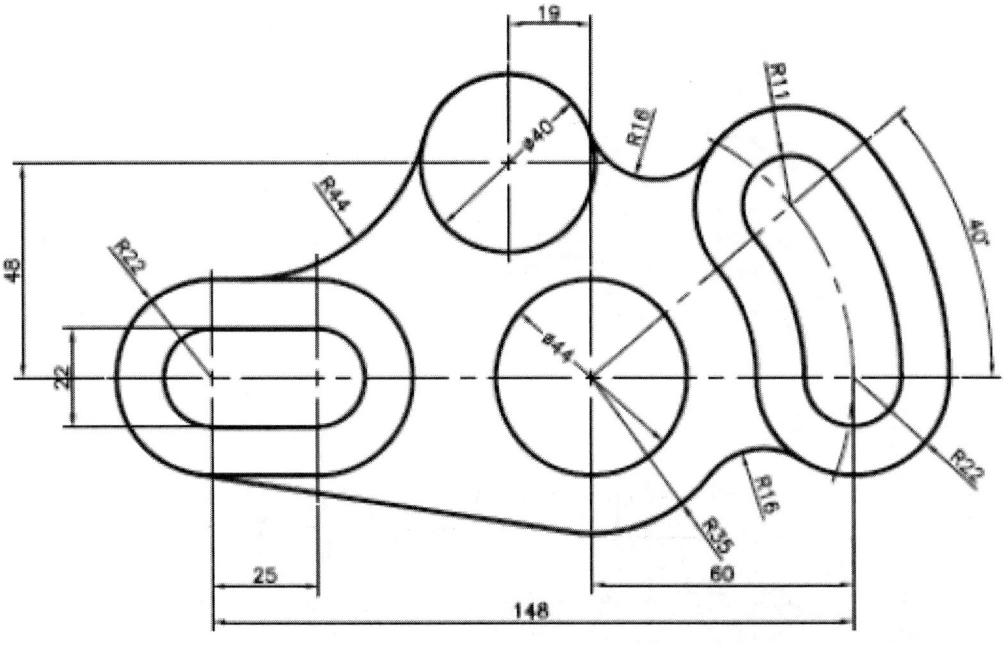

연습과제 34

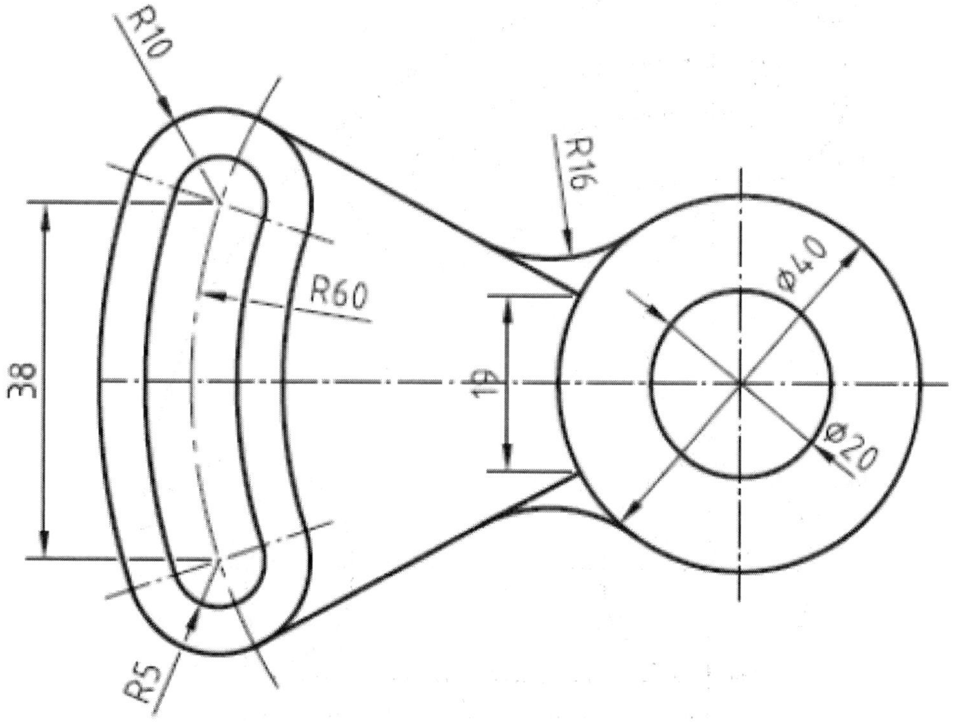

연습과제 35

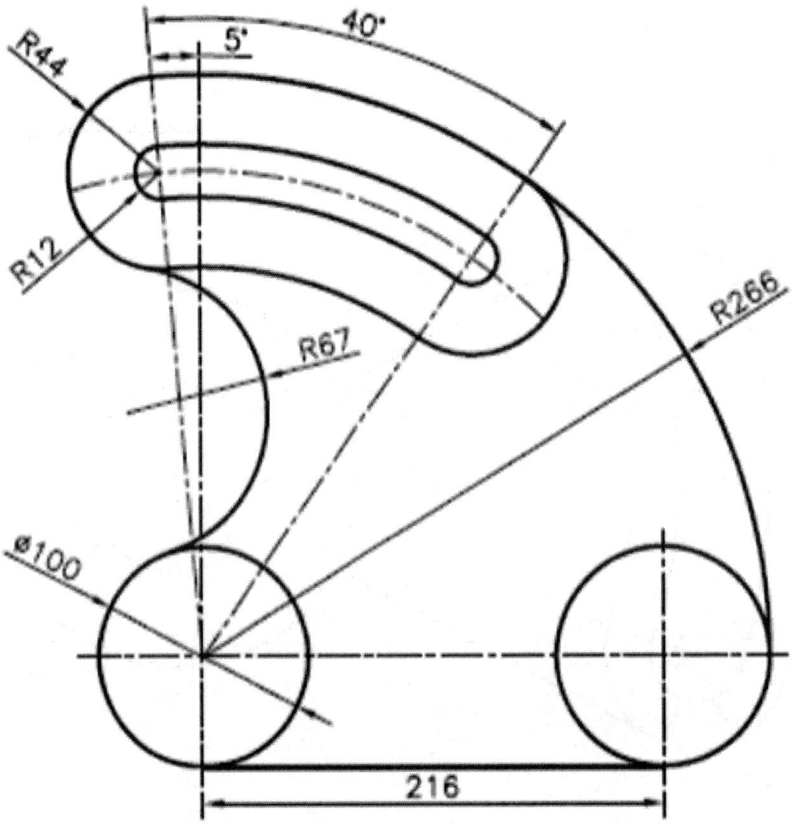

연습과제 36

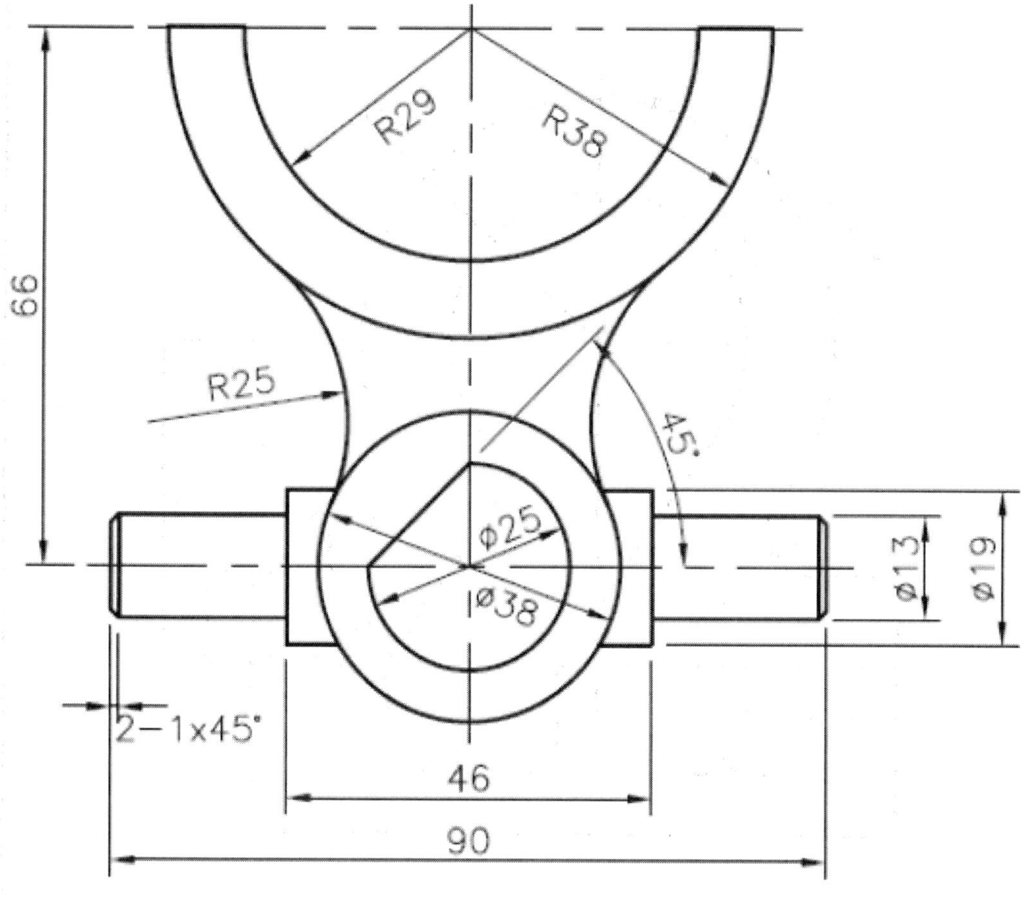

연습과제 37

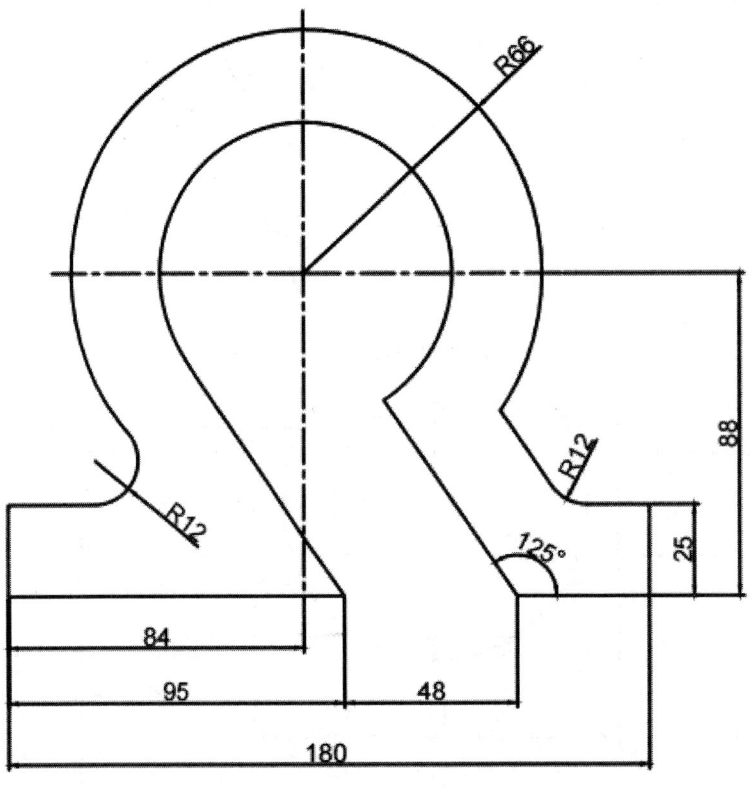

연습과제 38

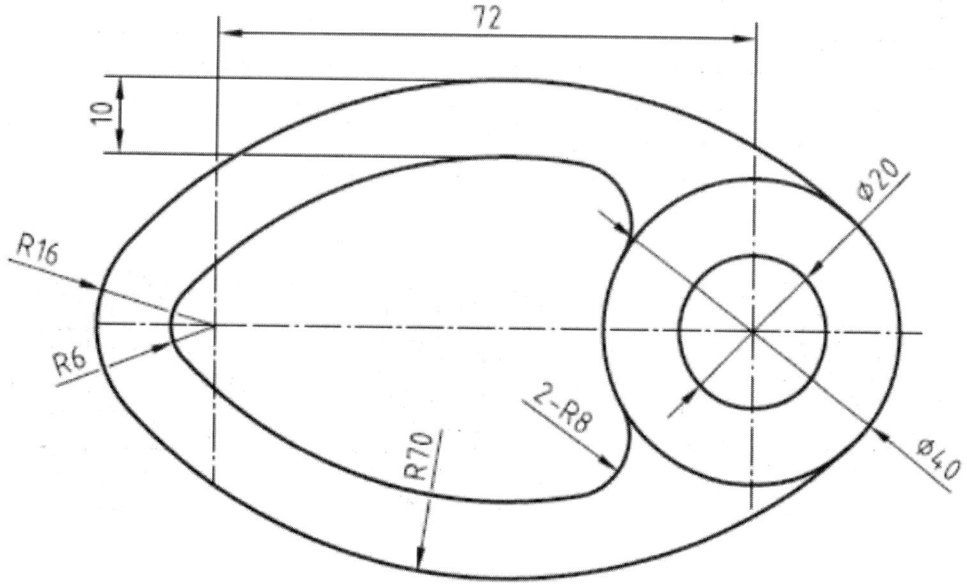

15. 선 종류 & 색 (LINETYPE & COLOR)

선종류	선 모양	선의 용도
외형선 (Visible line)	━━━━━━	굵은 실선으로 물체의 보이는 부분을 나타낸다.
숨은선 (Hidden line)	‒ ‒ ‒ ‒ ‒ ‒	굵은 파선 또는 가는 파선으로 물체의 보이지 않는 부분을 나타낸다.
중심선 (Center line)	─ · ─ · ─	가는 1점 쇄선으로 도형의 중심을 표시할 때 사용한다.
가상선 (Phantom line)	─ ·· ─ ·· ─	가는 2점 쇄선으로 부품의 동작 상태나 가상의 물체를 나타낼 때 사용한다.
파단선 (Break line)	──────	가는 실선으로 물체의 단면을 표시할 때 사용한다.
해칭선 (Section line)	──────	도면층을 잠금 하면, 잠긴 도면층의 엔티티들은 선택이 불가능하기 때문에 수정 및 편집이 불가합니다.

1)

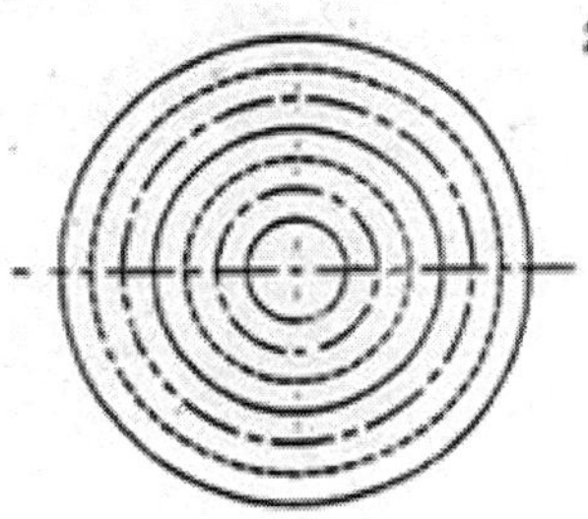

2)

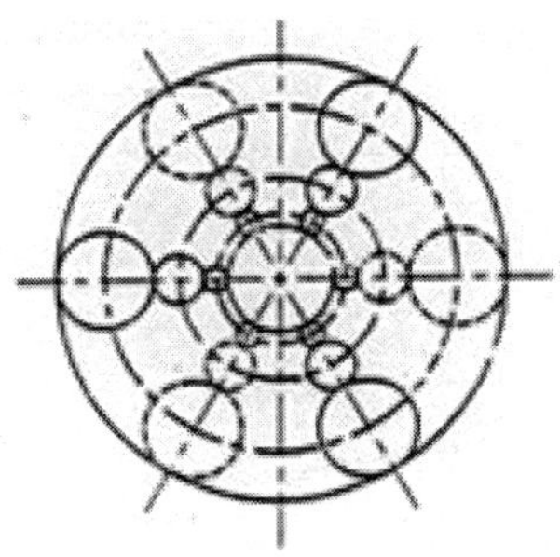

3)

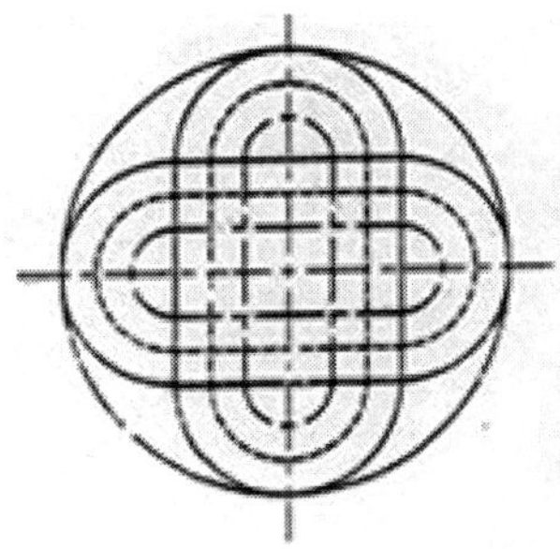

4)

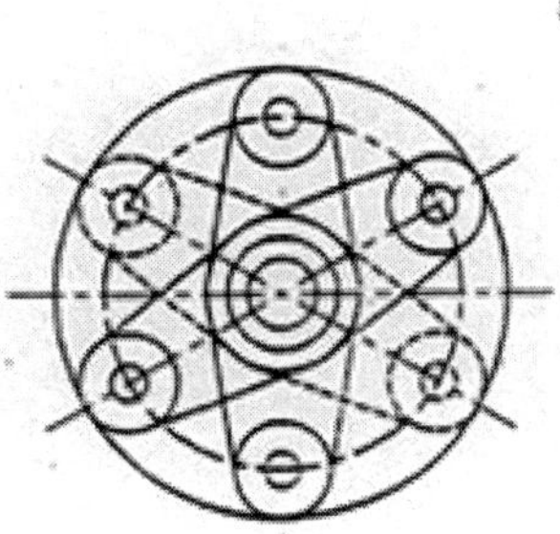

5)

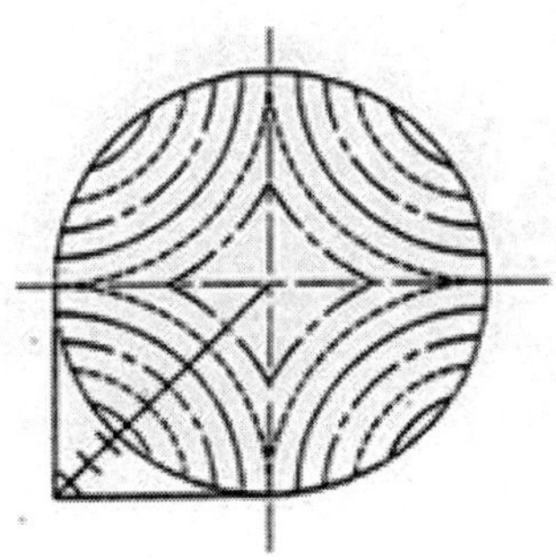

6)

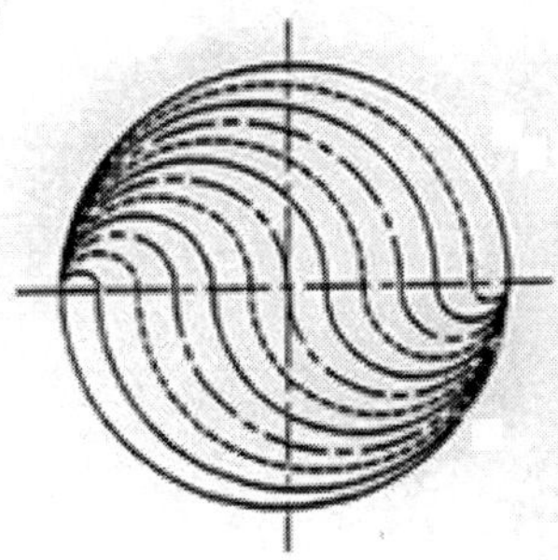

1) 빨간색 2) 노란색 3) 초록색 4) 하늘색 5) 파란색 6) 선홍색

연습과제 39

아래 그림을 노란색으로 그리시오.

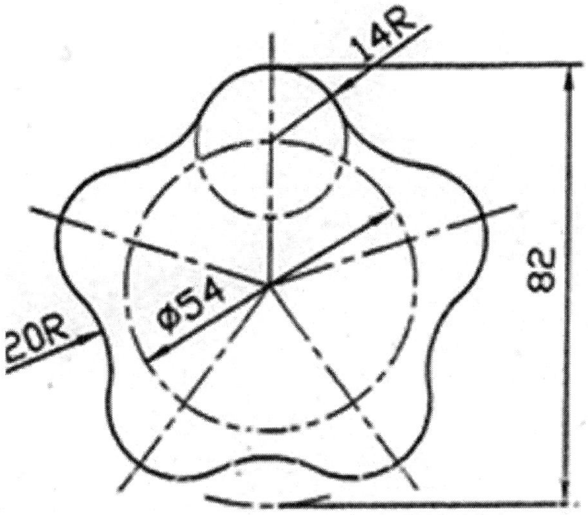

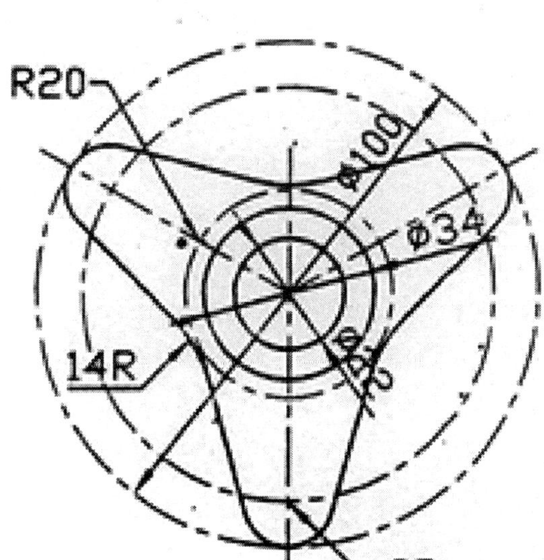

연습과제 40

아래 그림을 빨간색으로 그리시오.

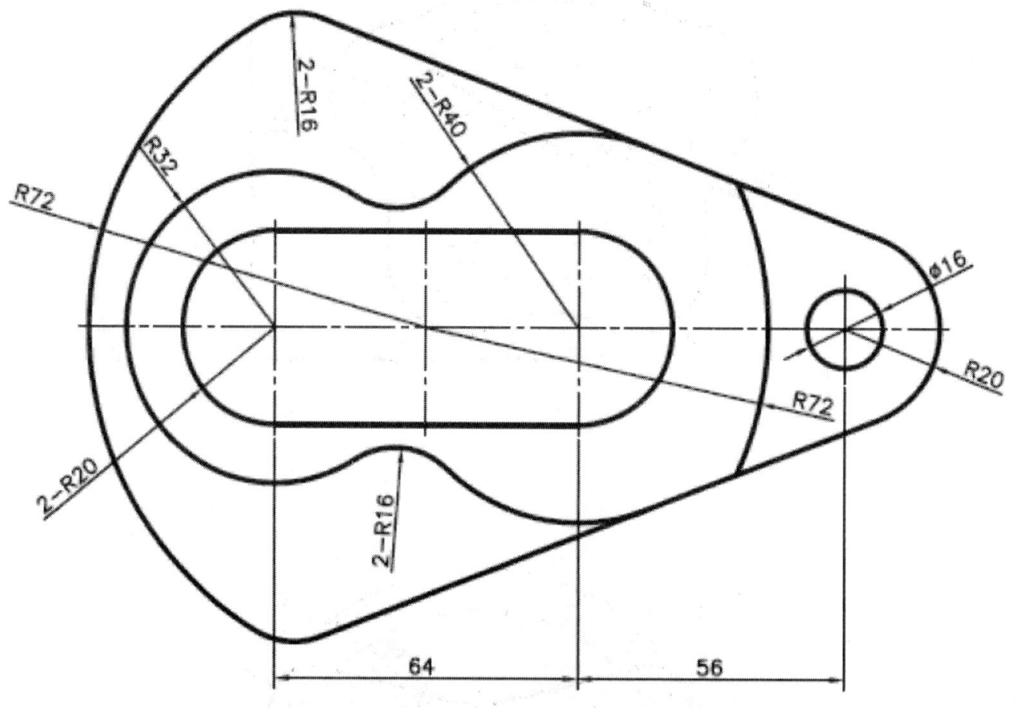

연습과제 41

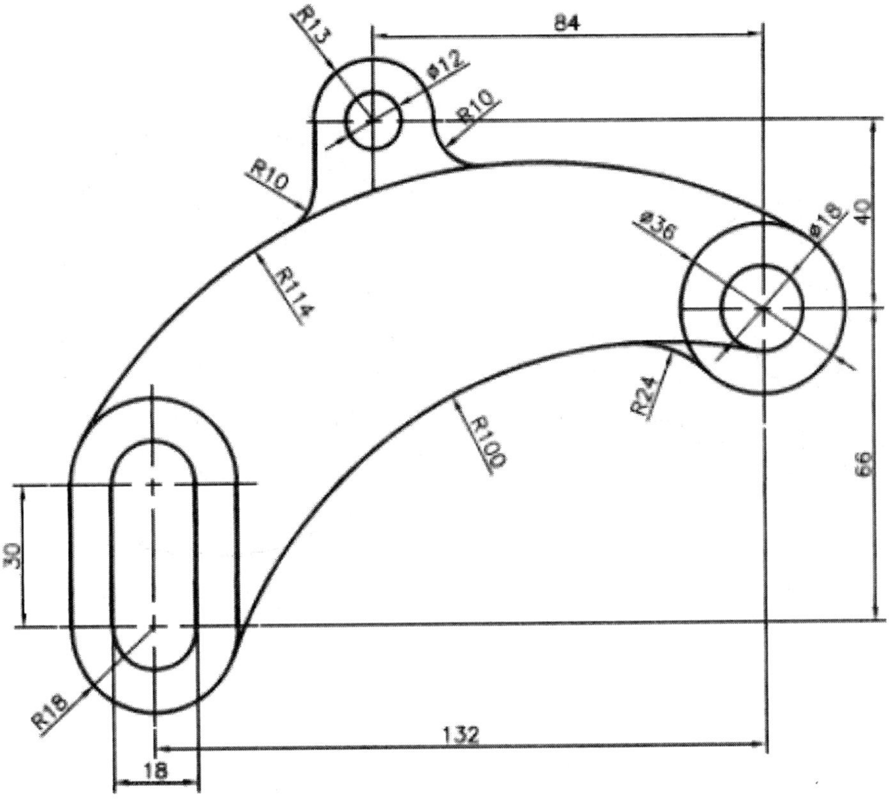

연습과제 42

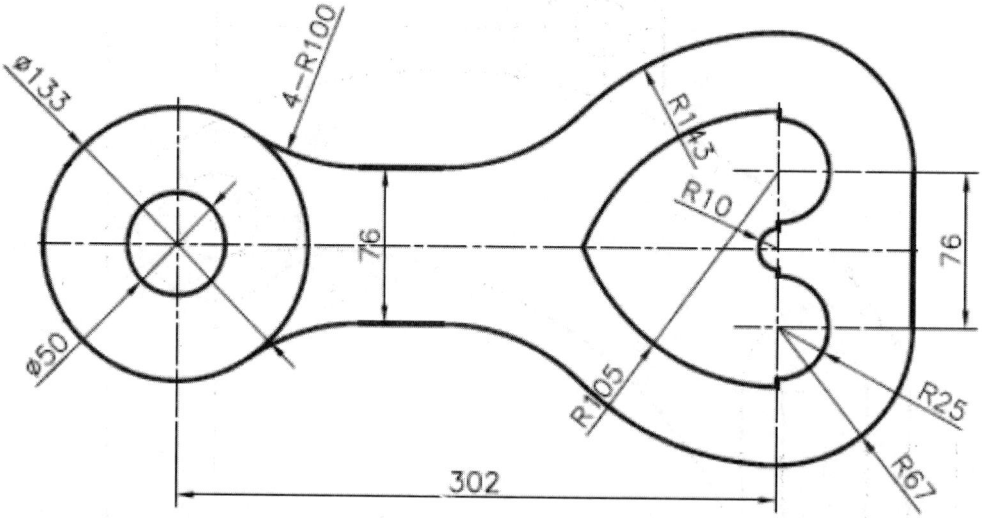

연습과제 43

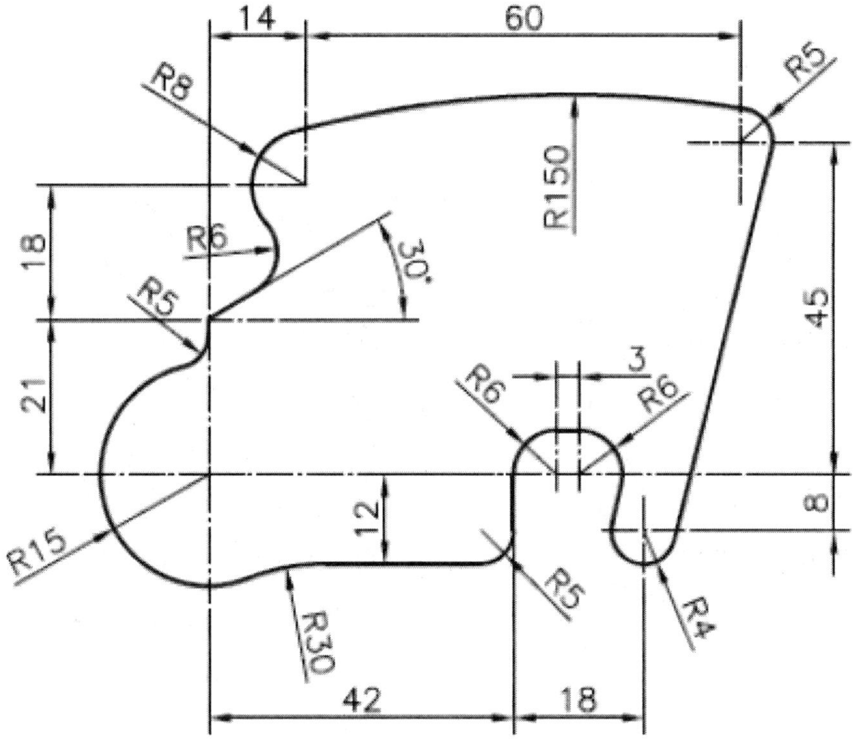

연습과제 44

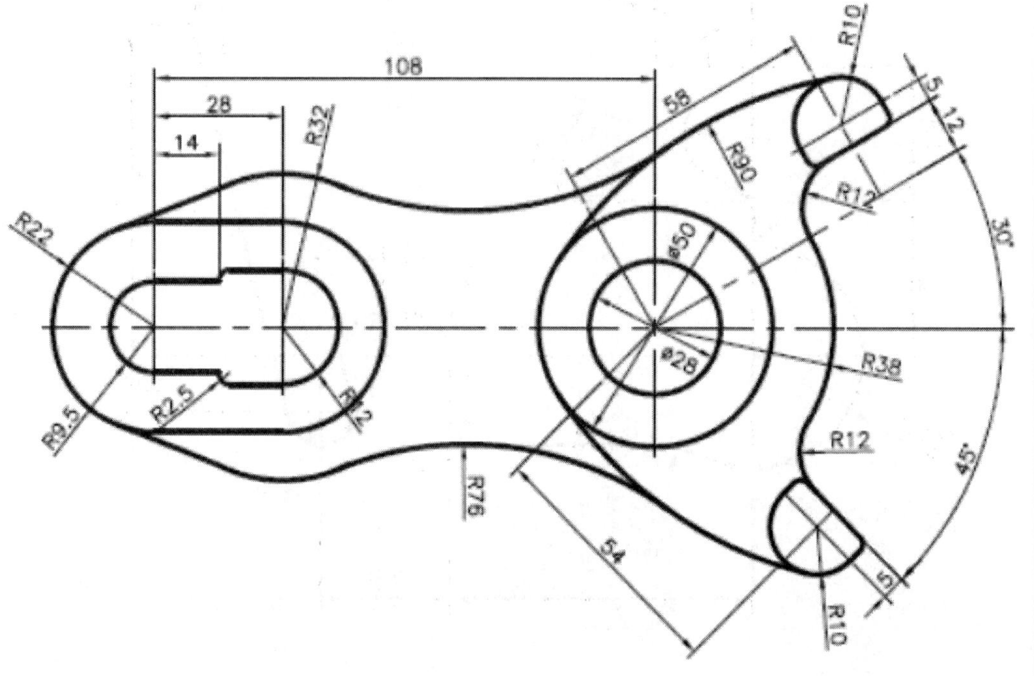

108
28
14
R32
58
R10
5
12
R90
R12
30°
R22
ø50
ø28
R38
R2.5
R12
R9.5
R12
R76
45°
54
5
R10

연습과제 45

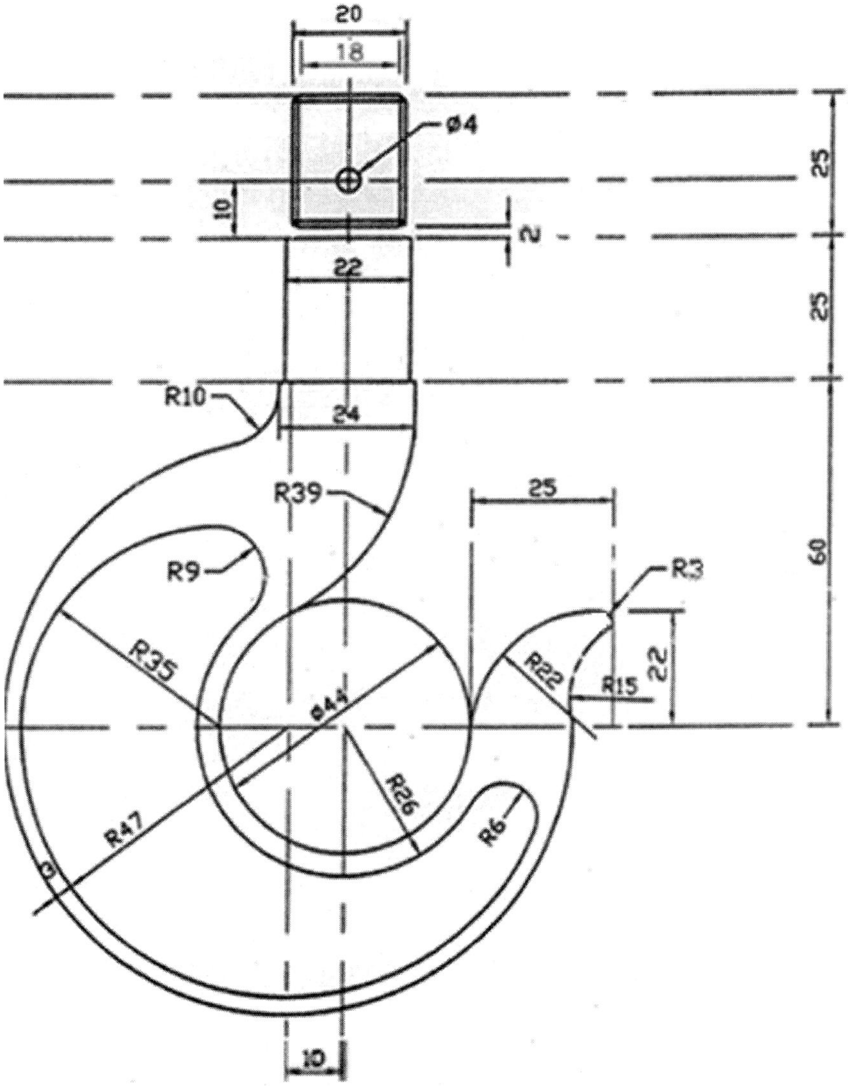

20
18
ø4
10
2
22
24
25
25
60
R10
R39
25
R3
R9
R35
R22
R15
22
ø44
R26
R47
R6
3
10

16. 복사 (COPY) : ~ co

객체 복사하기

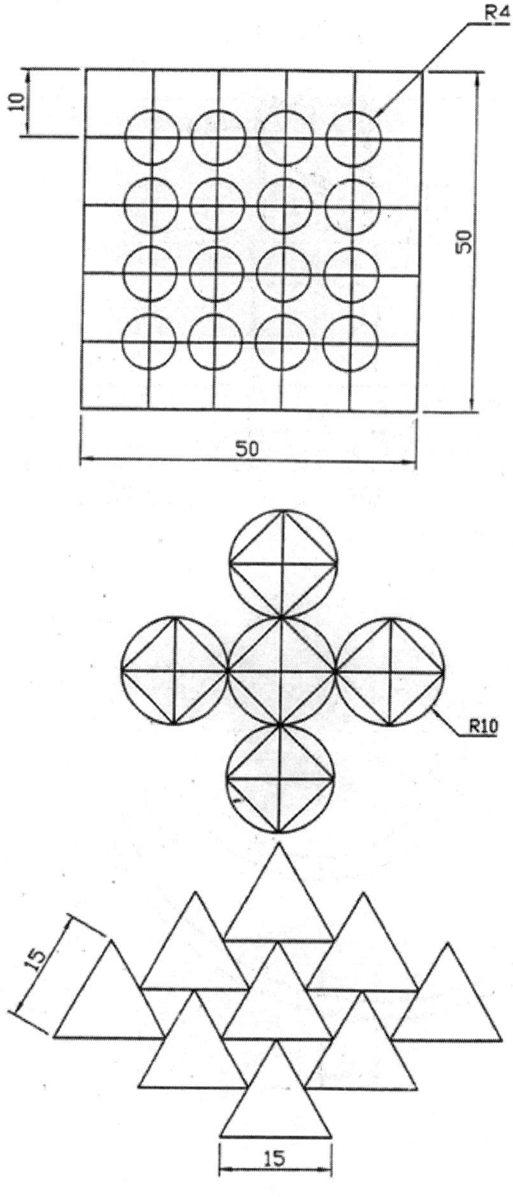

연습과제 46

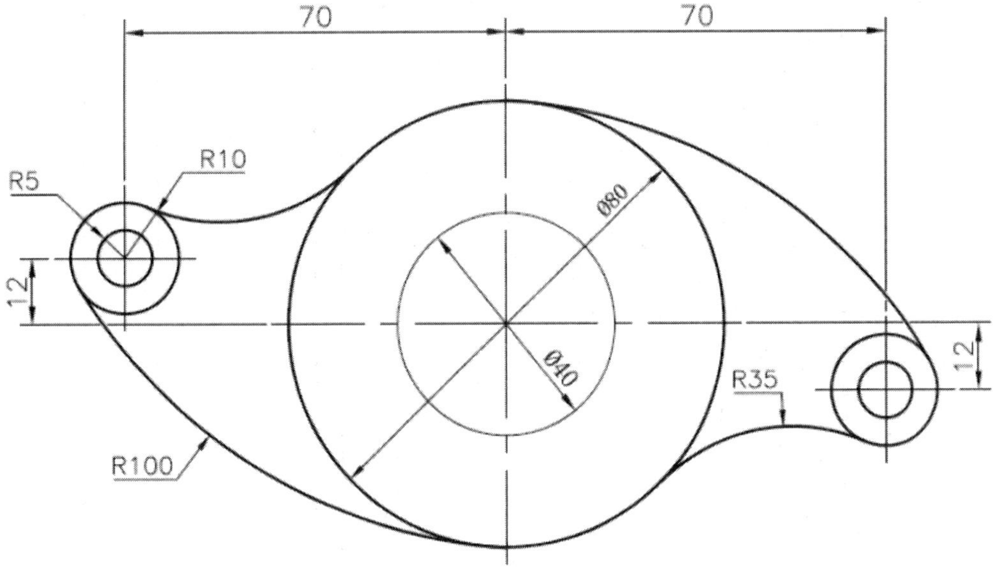

연습과제 47

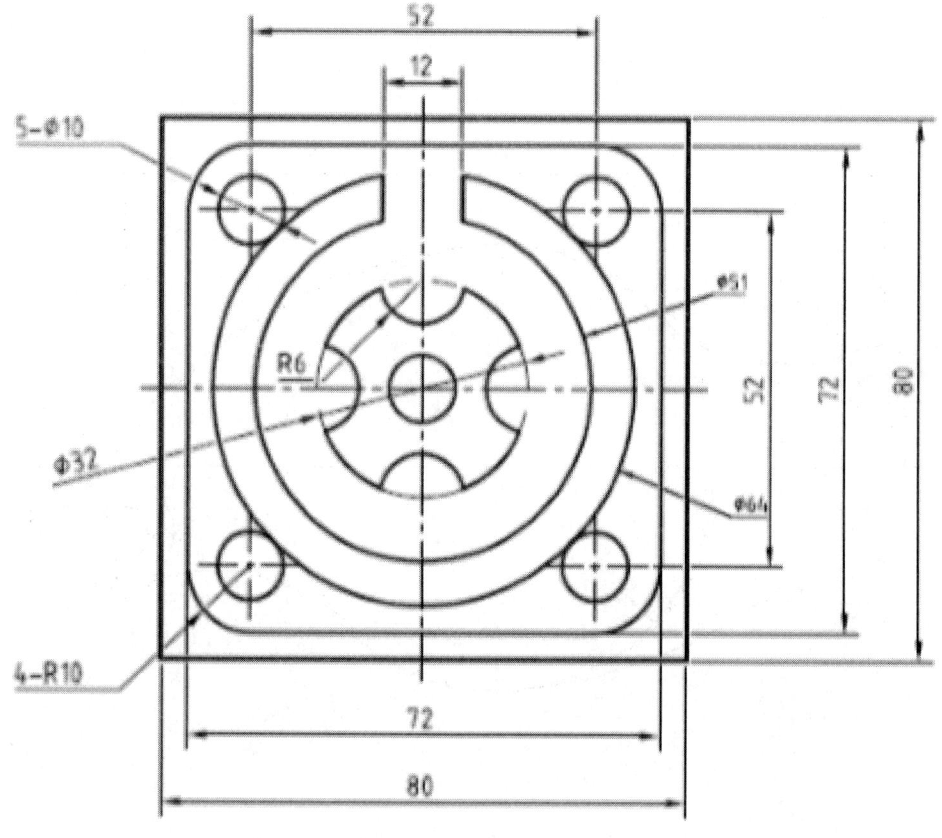

연습과제 48

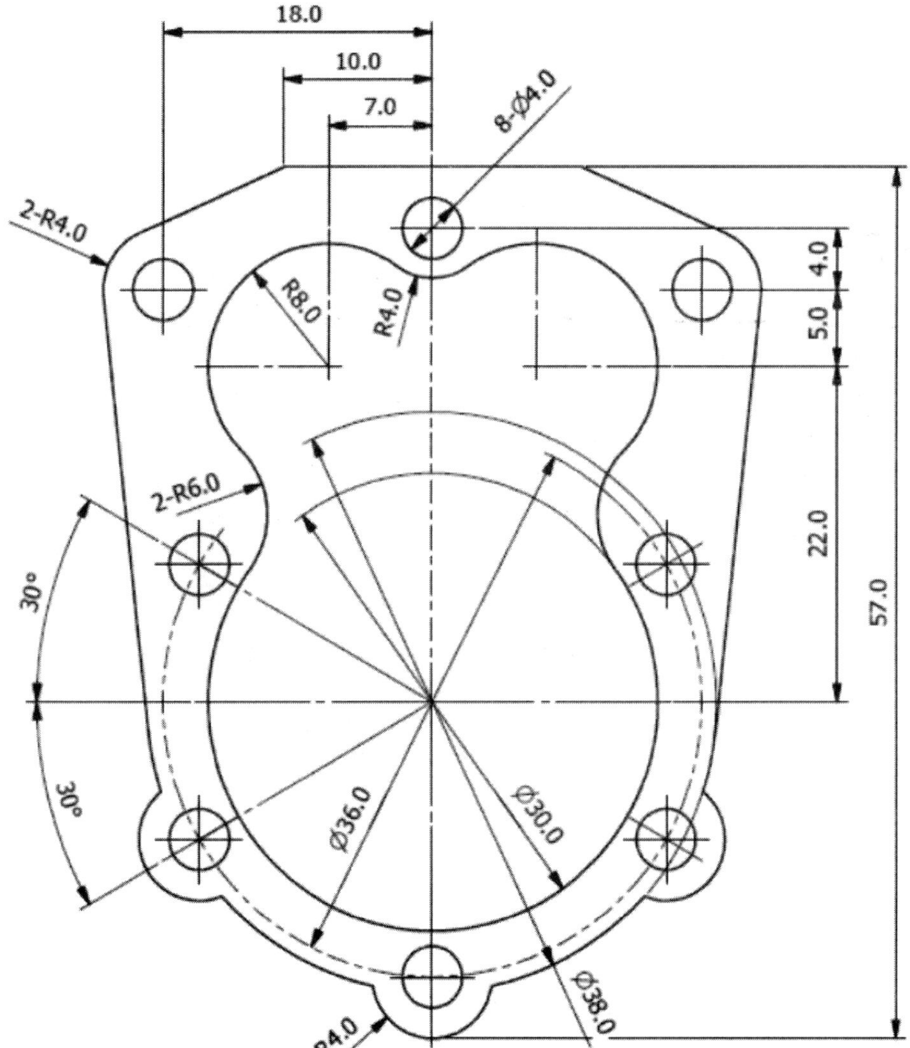
18.0
10.0
7.0
8-Ø4.0
2-R4.0
R8.0
R4.0
4.0
5.0
2-R6.0
22.0
57.0
30°
30°
Ø36.0
Ø30.0
Ø38.0
3-R4.0

연습과제 49

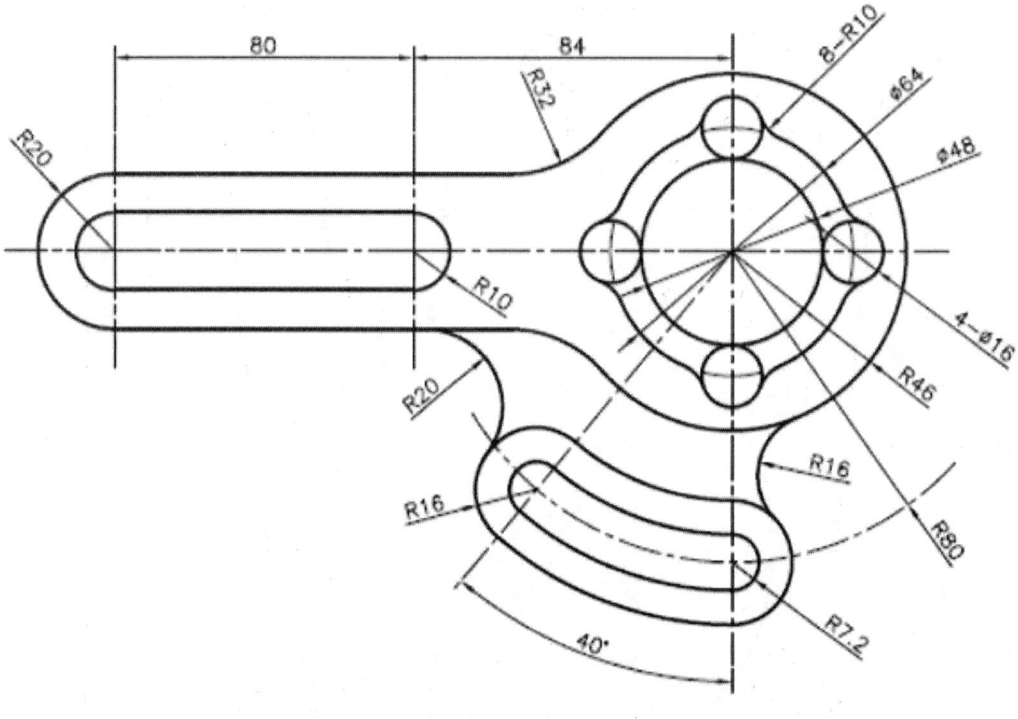

연습과제 50

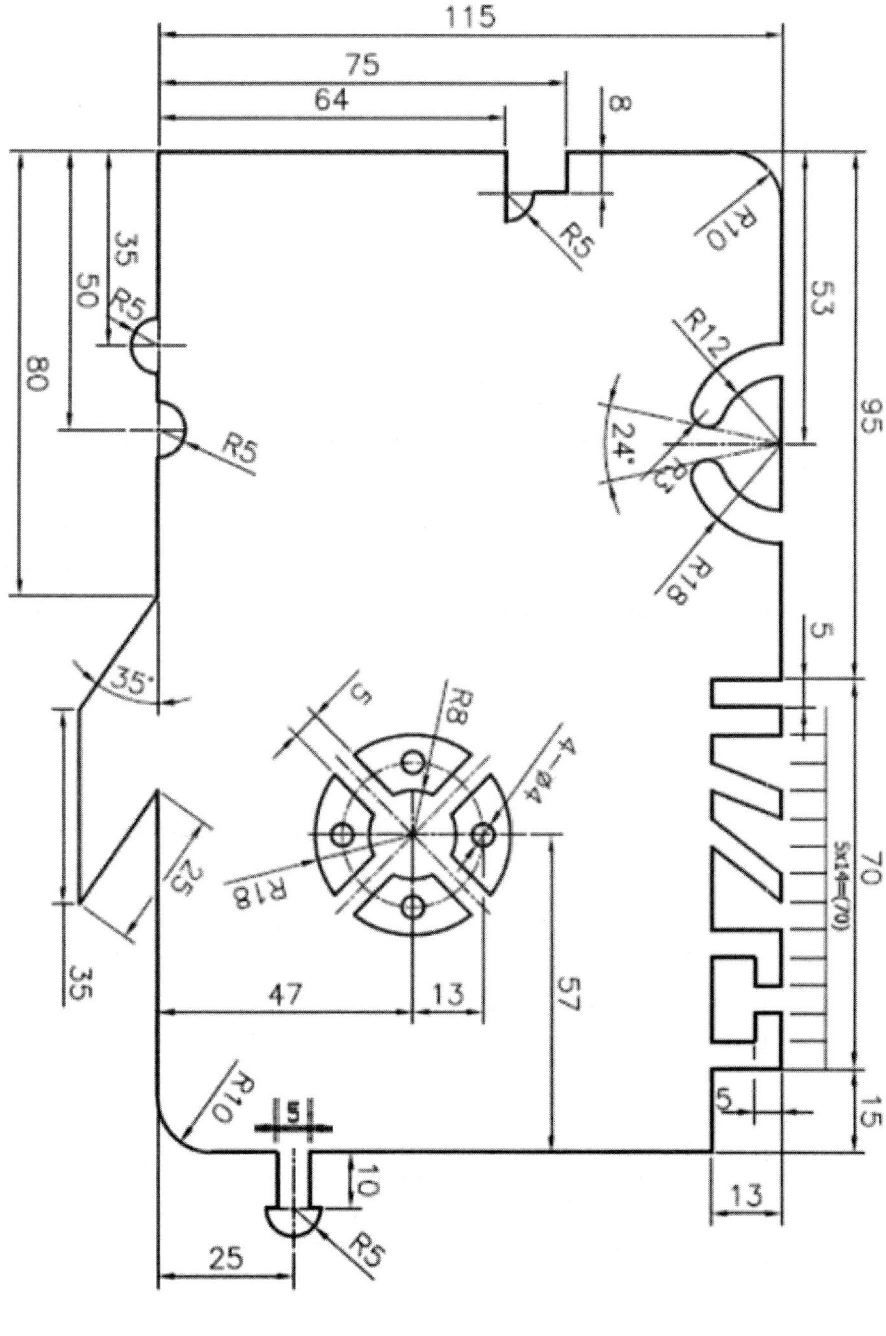
115
75
64
8
R5
R10
35
50
80
R5
R5
53
95
R12
24°
R3
R18
5
35°
5
R8
4-ø4
25
R18
5x14=(70)
70
35
47
13
57
R10
5
10
R5
5
15
13
25

17. 투상법 (Projection)

광원과 물체를 나란히 놓고, 광원을 대상 물체에 비추어 평면에 옮겨진 그림자로 물체를 표시하는 것.

❑ 각 투상도의 명칭

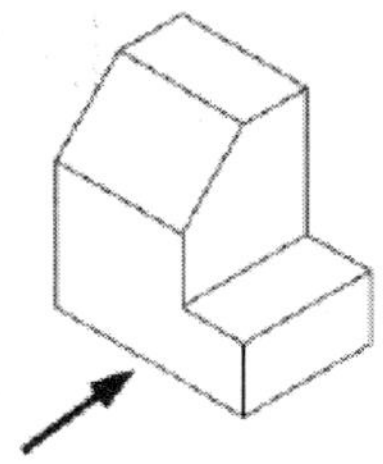

뷰 이름	시점	뷰 이름	시점
평면도(Top or Plan View)	위	배면도(Rear View)	뒤
밑면도(Bottom View)	아래	우측면도(Right Side View)	오른쪽
정면도(Front View)	앞	좌측면도(Left Side View)	왼쪽

❑ 정투상도(Orthographic view)의 뷰 정렬

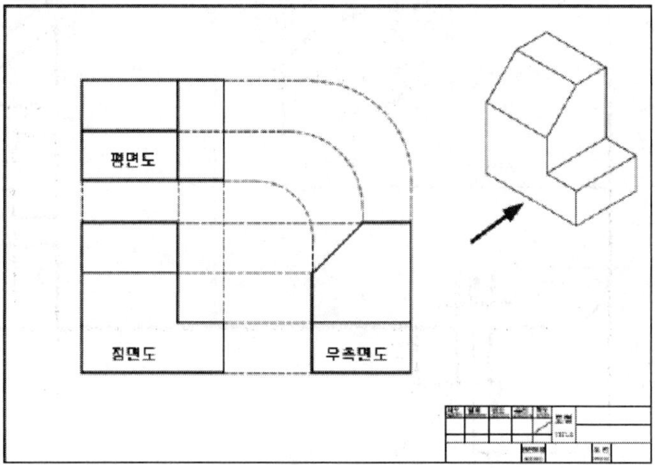

연습과제 51

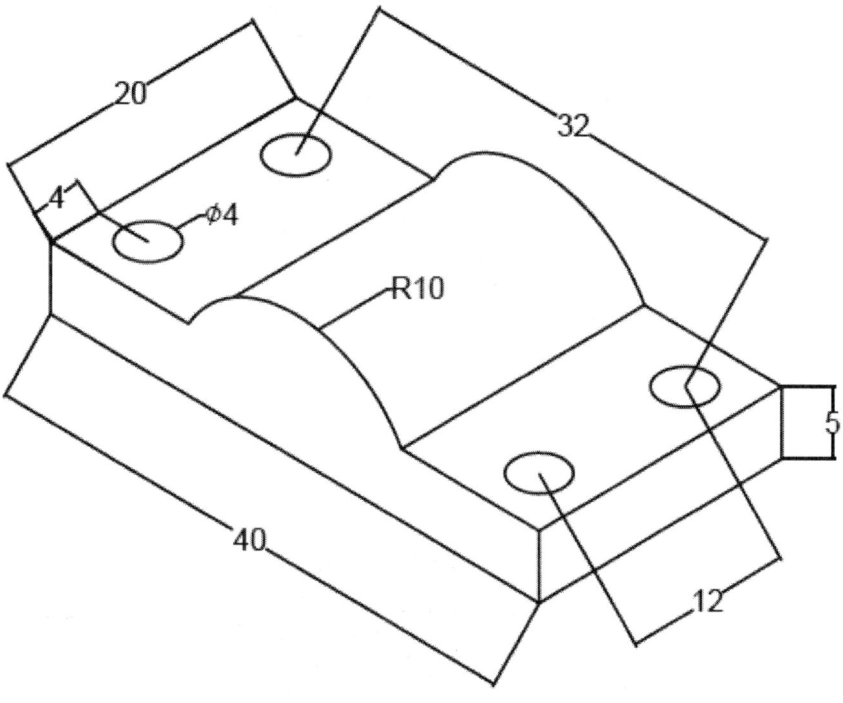

18. 타원 (ELLIPSE) : ~ EL

타원 그리기

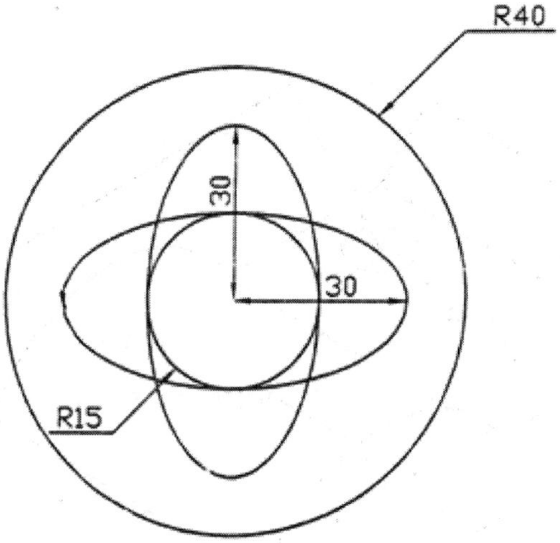

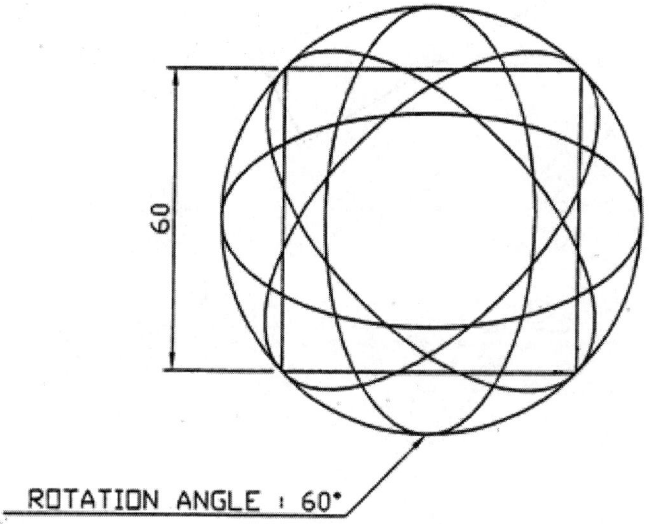

연습과제 52

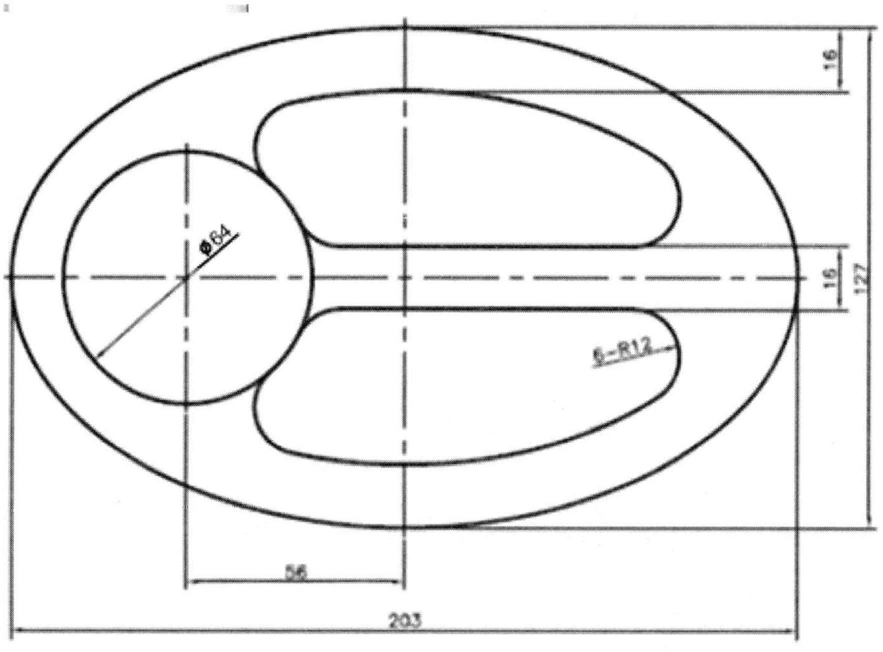

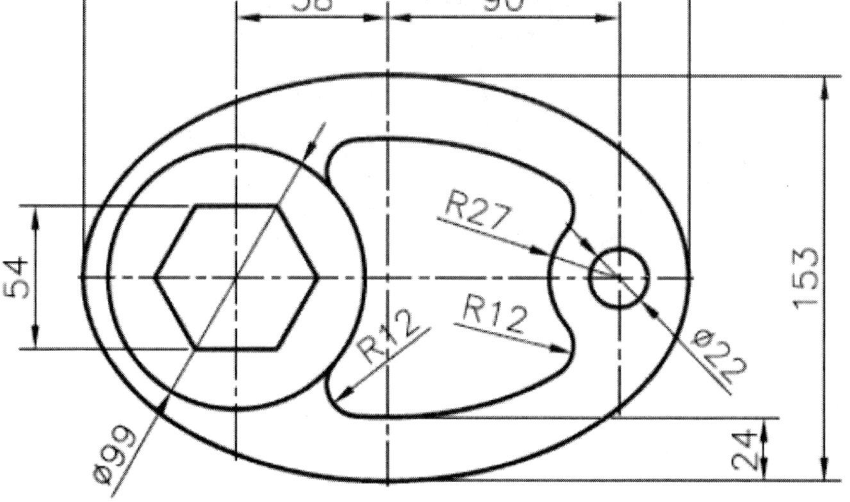

19. 등각 투영 제도 (Isometric Drafting)

1) 직교모드 ON (30도, 90도, 150도 중 적절한 축 사용)

2) F5를 이용하여 타원 및 선의 방향을 바꿈

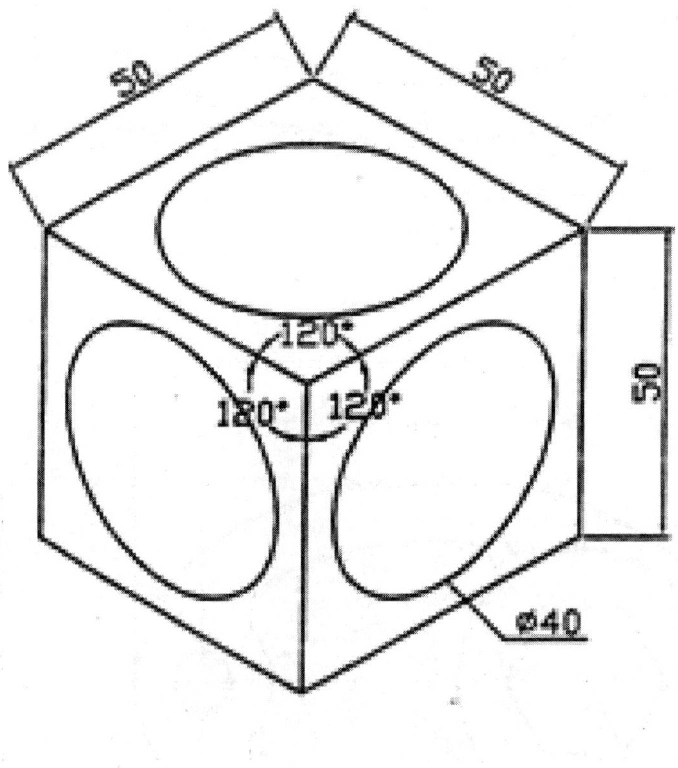

연습과제 53

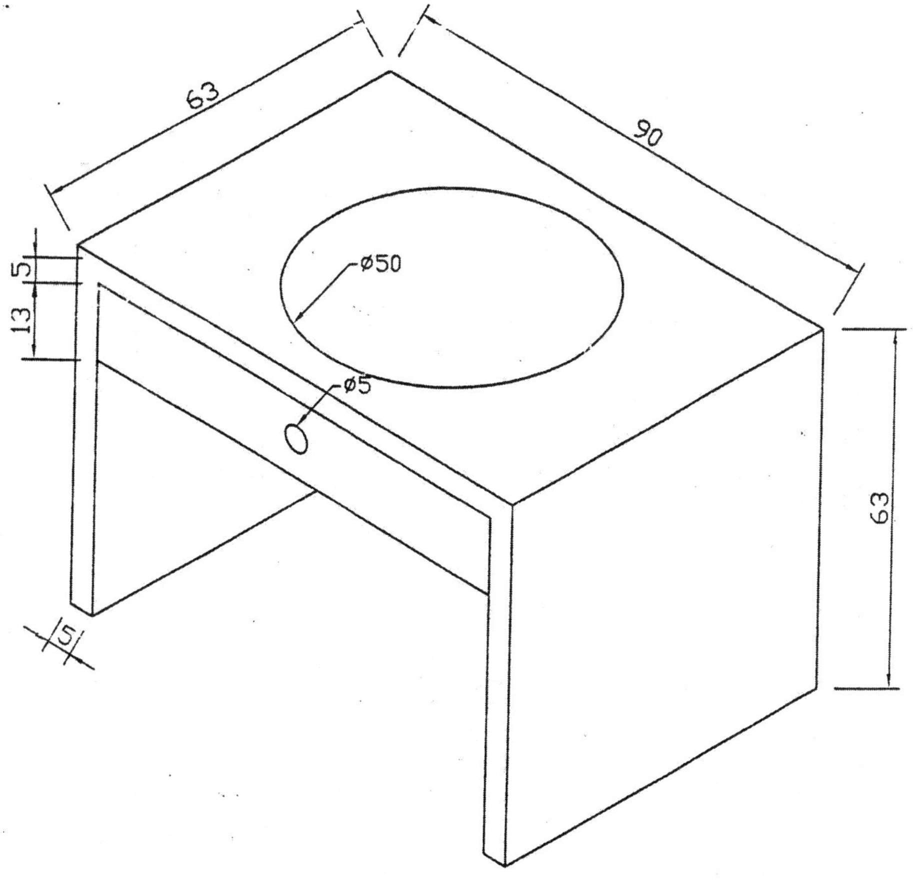

20. 다중점 & 점 스타일 (POINT & P TYPE)

※ 다중점 : 점찍기

※ 점 스타일 : 점의 형태와 크기 설정

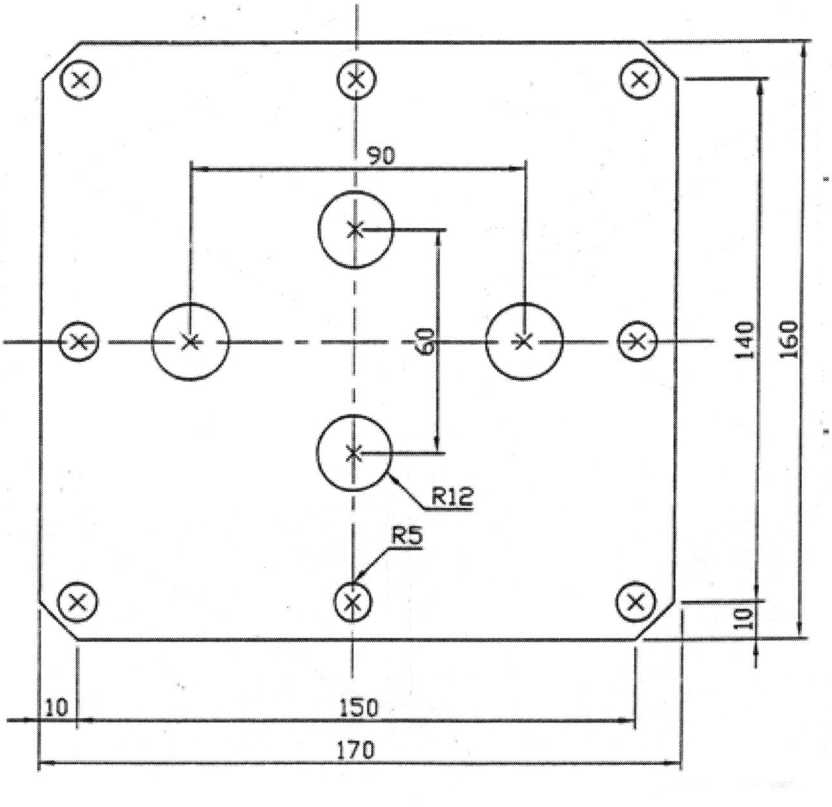

연습과제 54

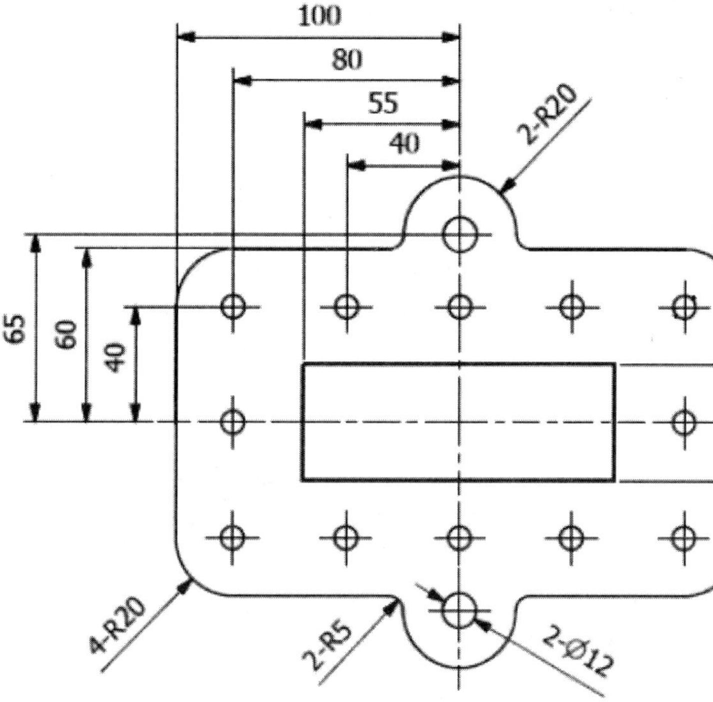

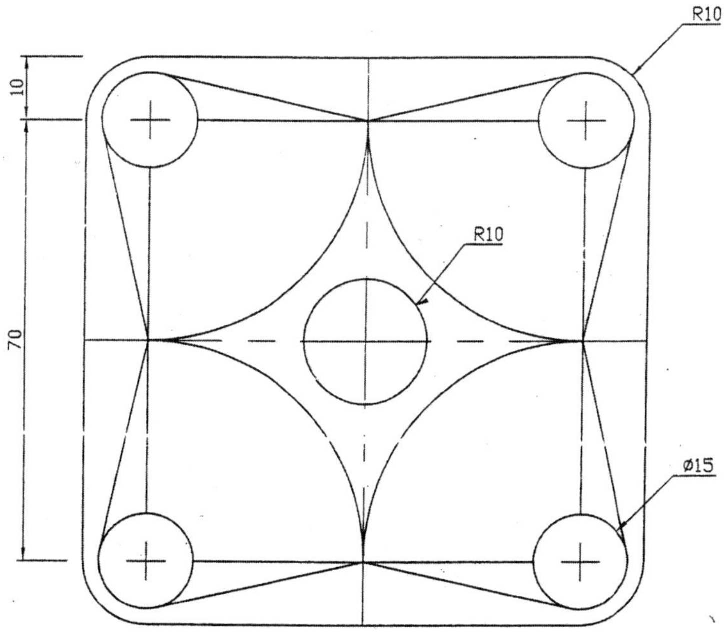

21. 회전 (ROTATE) : ~ RO

객체를 원하는 각도만큼 회전하기

※ + 각 : 반시계 방향

　 − 각 : 시계 방향

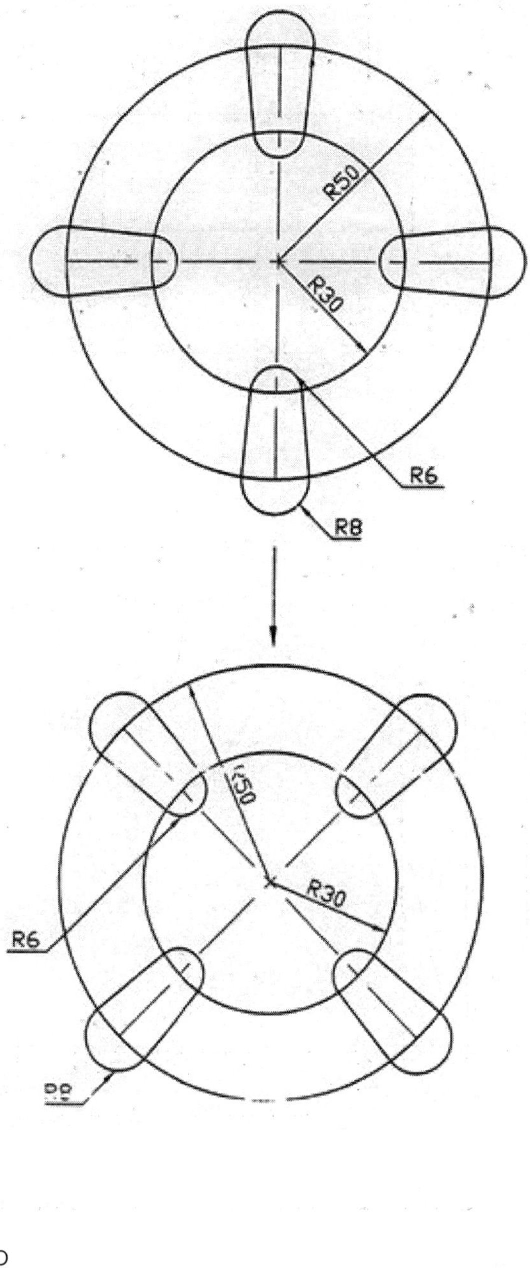

연습과제 55

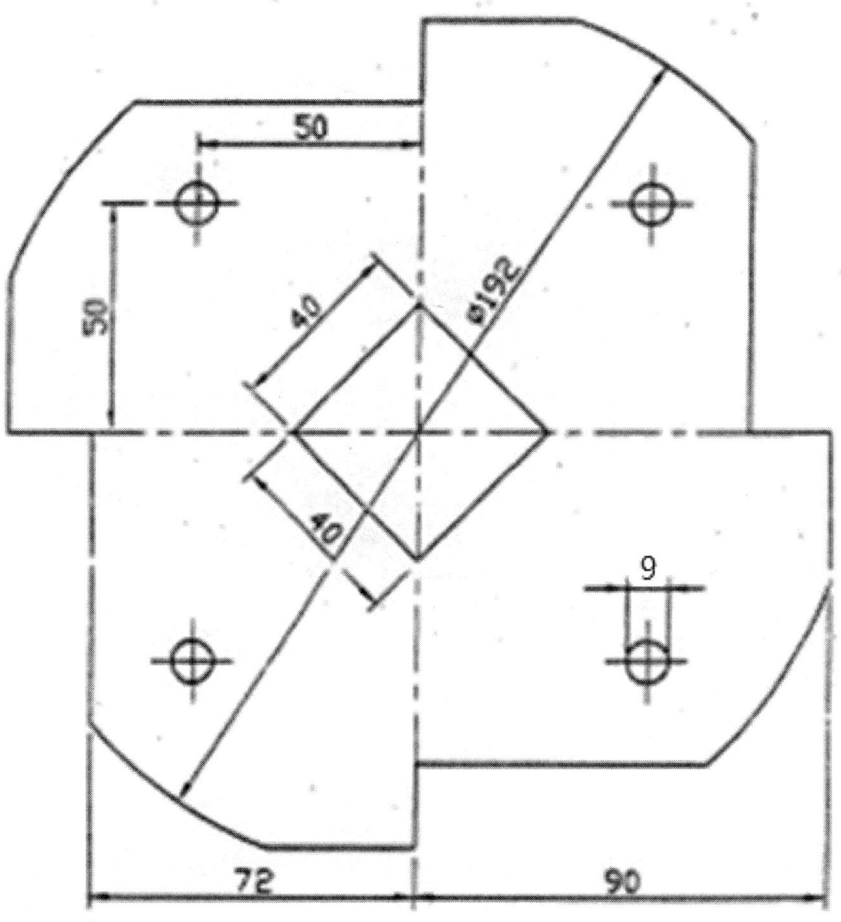

연습과제 56

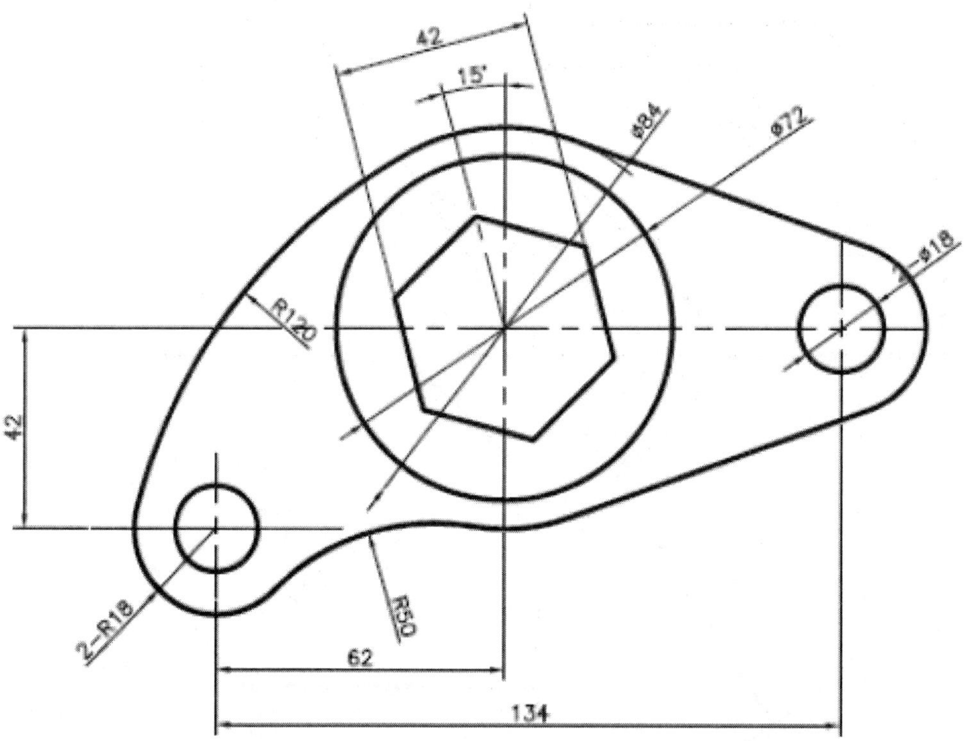

연습과제 57

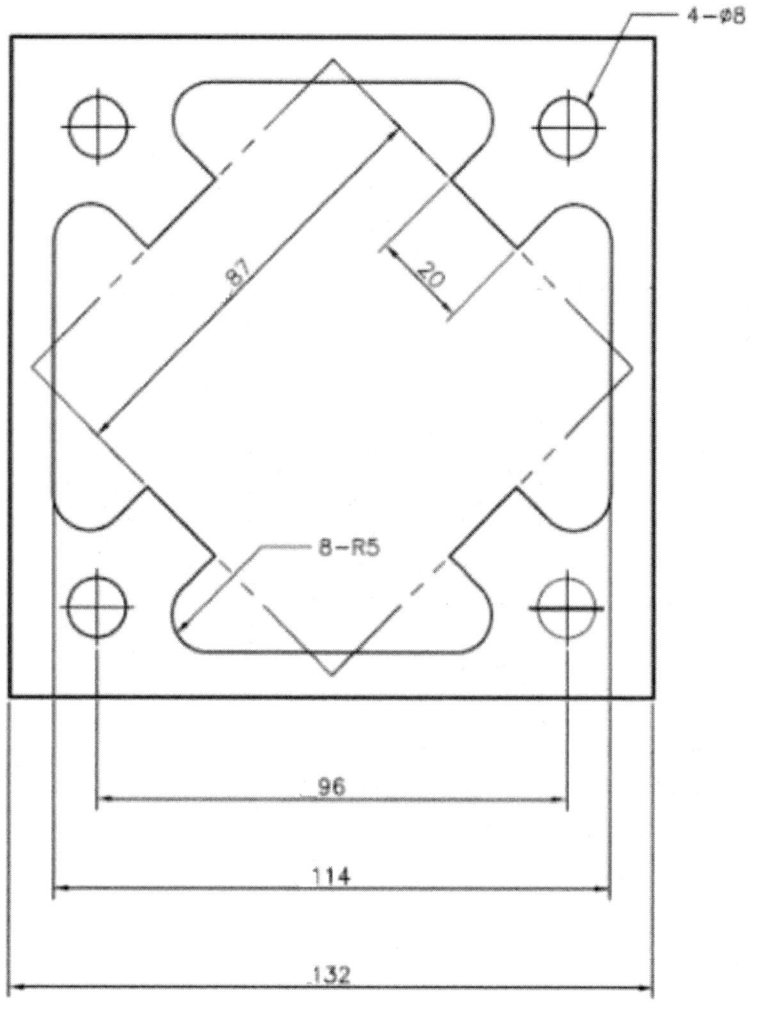

22. 대칭 (MIRROR) : ~ MI

축을 중심으로 대칭 복사하기

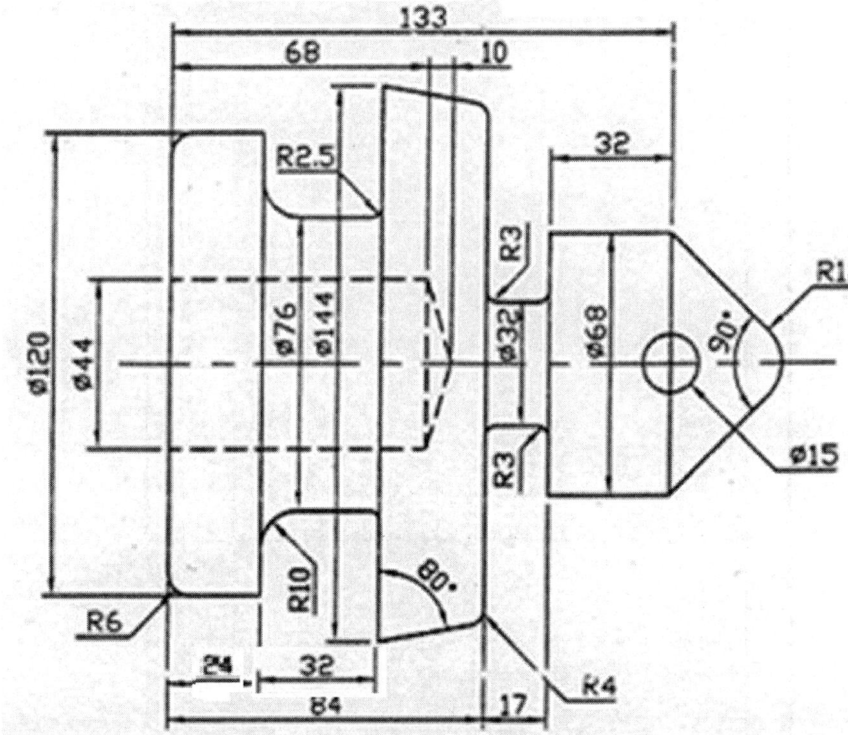

연습과제 58

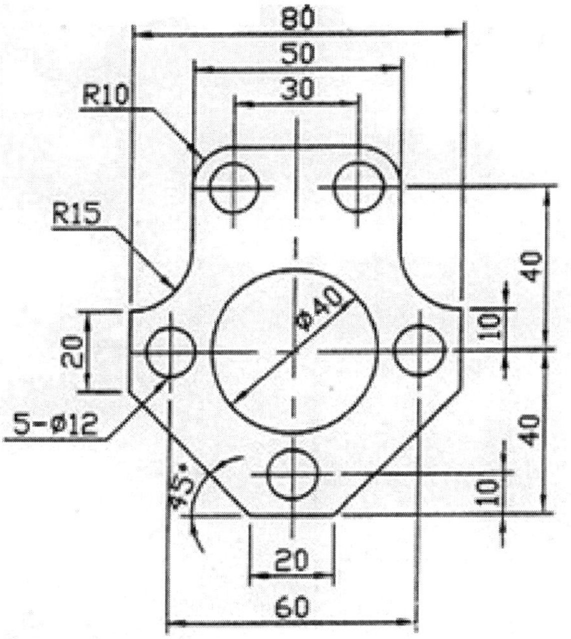
80
50
30
R10
R15
Ø40
20
5-Ø12
45°
40
10
40
10
20
60

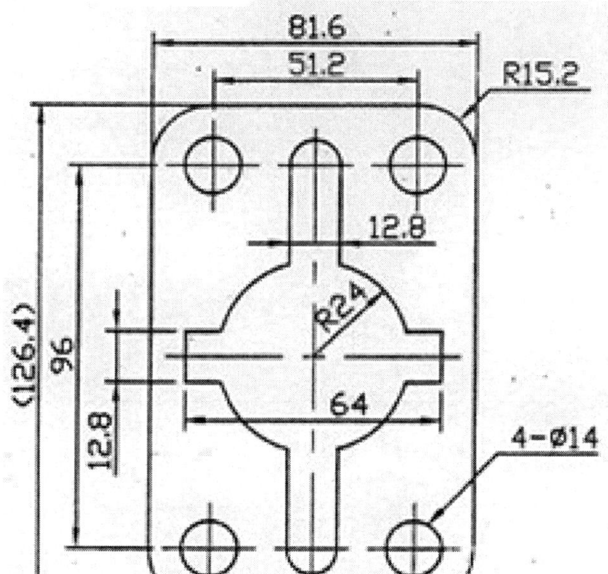
81.6
51.2
R15.2
12.8
R24
(126.4)
96
12.8
64
4-Ø14

연습과제 59

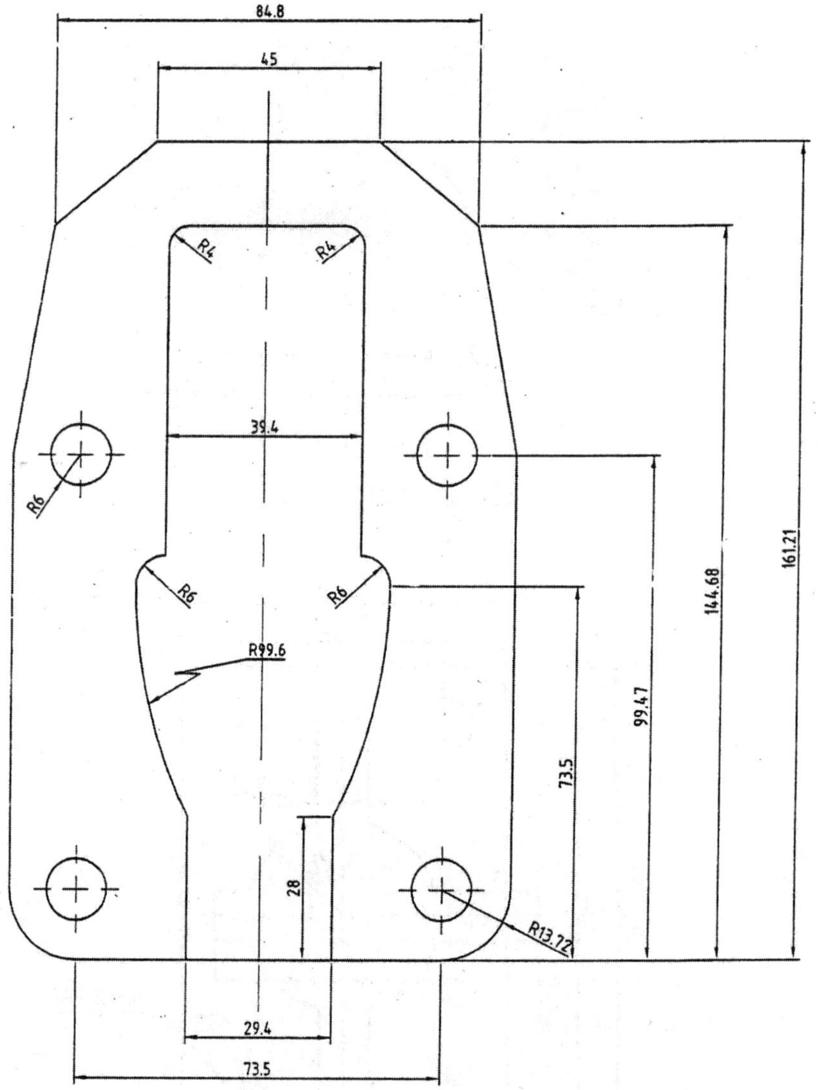

84.8
45
R4
R4
39.4
R6
R6
R6
R99.6
28
R13.72
73.5
99.47
144.68
161.21
29.4
73.5

23. 결합 (JOIN) : ~ J

단일 객체로 결합하기

24. 분해 (EXPLODE) : ~ X

복합 객체를 분해하기

25. 끊기 (BREAK) : ~ BR

객체 일부분 끊기

※ 원과 호는 반시계방향으로 끊어진다.

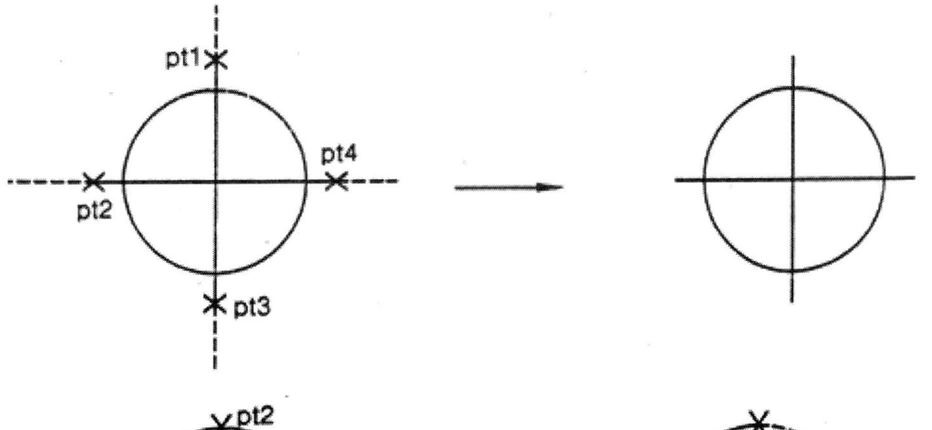

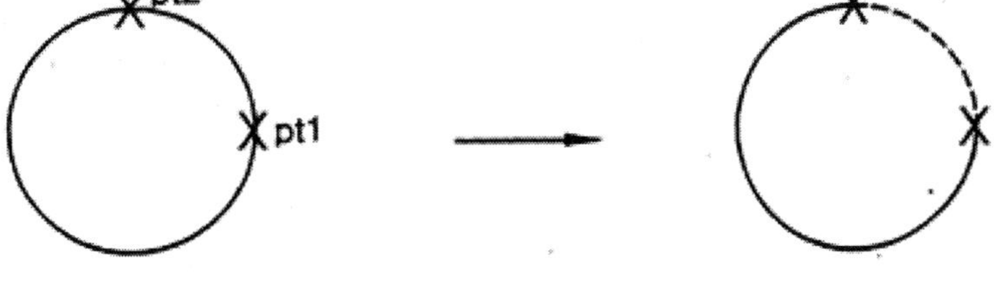

26. 연장 (EXTEND) : ~ EX

떨어진 선을 기준이 되는 선까지 연장하기

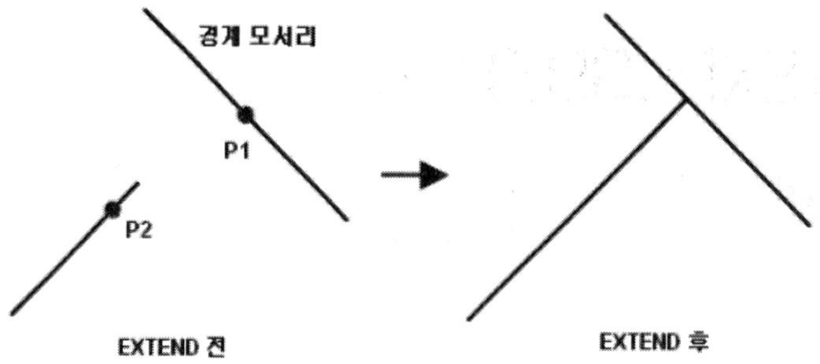

27. 폴리선 (P LINE) : ~ PL

선에 두께를 부여할 수 있으며, 선과 호를 조합하여 하나의 객체로 그리기

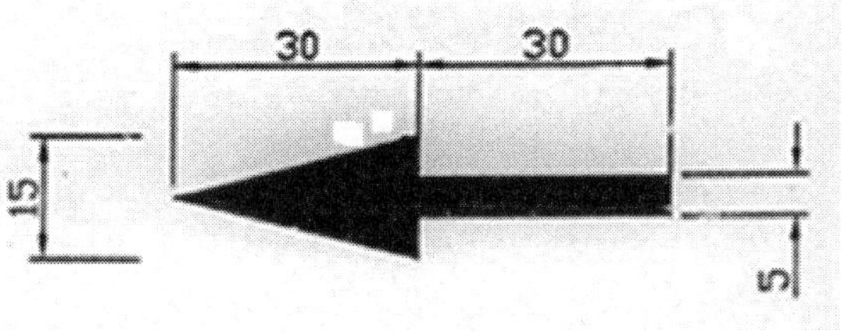

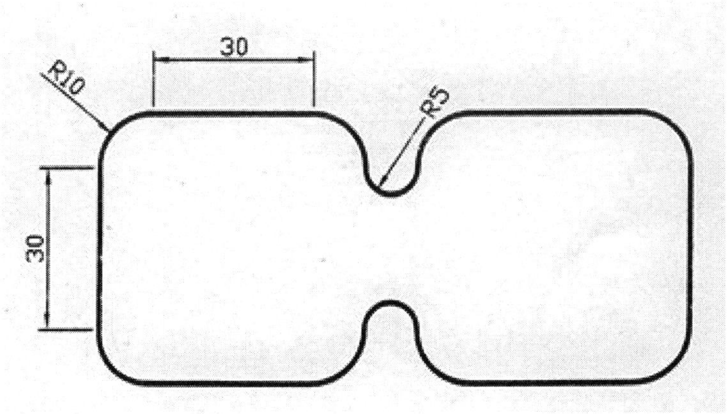

28. 폴리선 편집 (PEDIT) : ~ PE

폴리선 편집하기

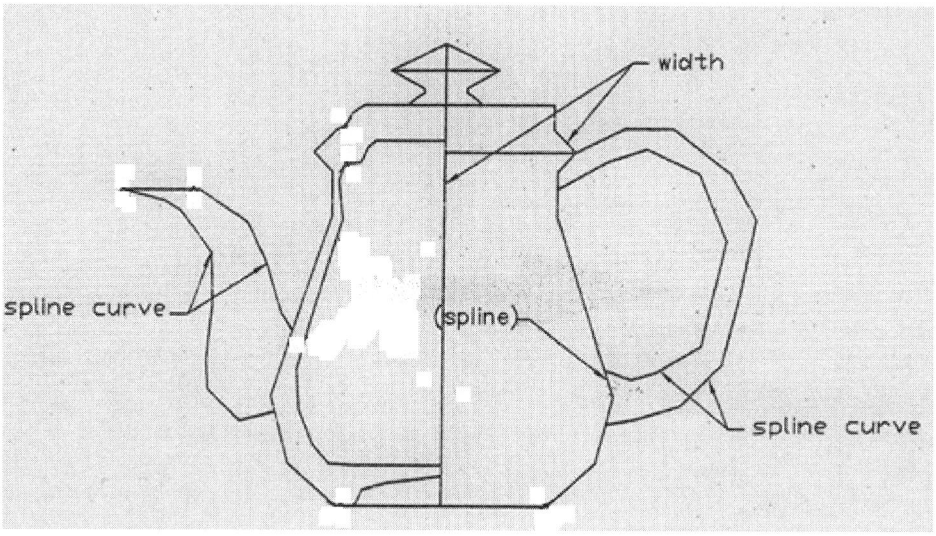

29. 신축 (STRETCH) : ~ s

객체의 일부분을 선택하여 늘리거나 줄이기

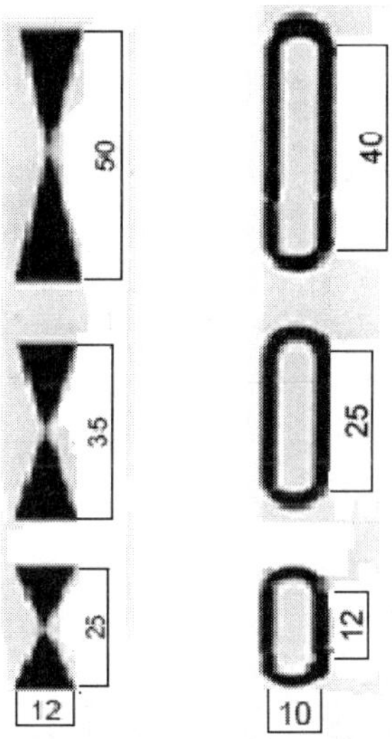

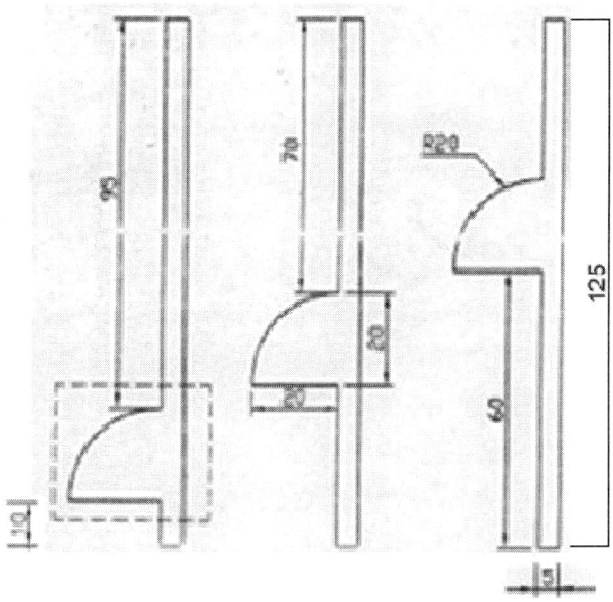

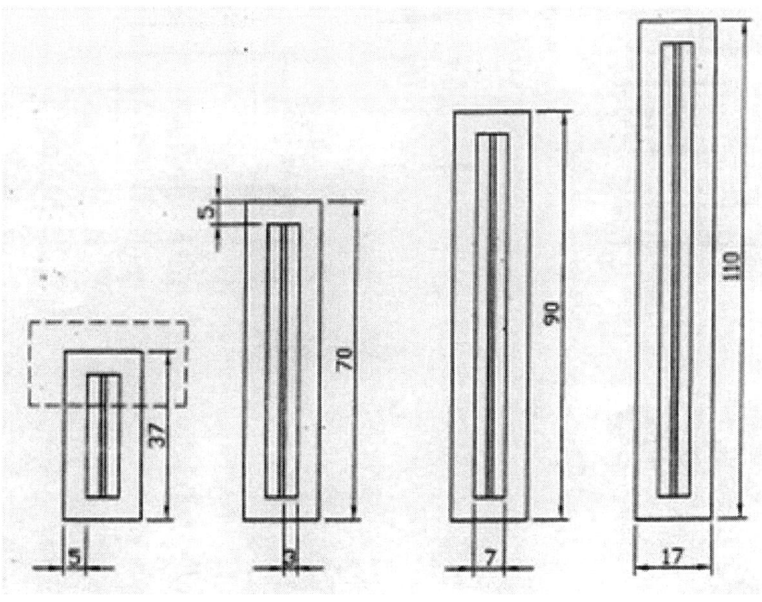

30. 축척 (SCALE) : ~ sc

축소 및 확대 값을 부여하여 크기 조정하기

※ 참조(R) : 현재 값을 기준으로 새 값을 부여할 수 있다.

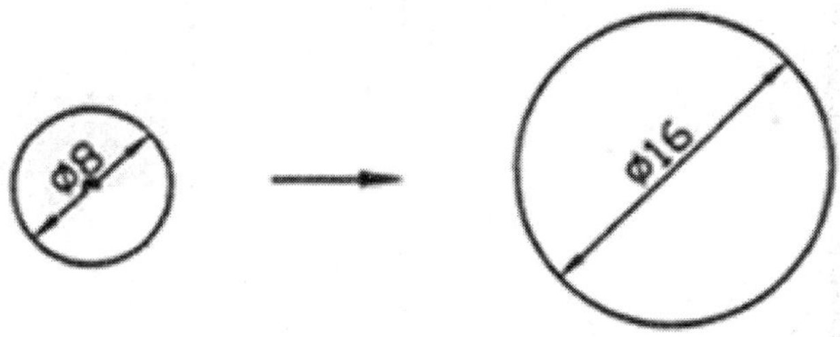

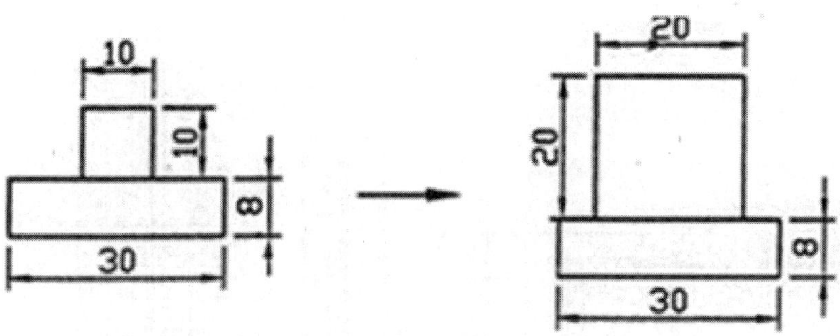

연습과제 60

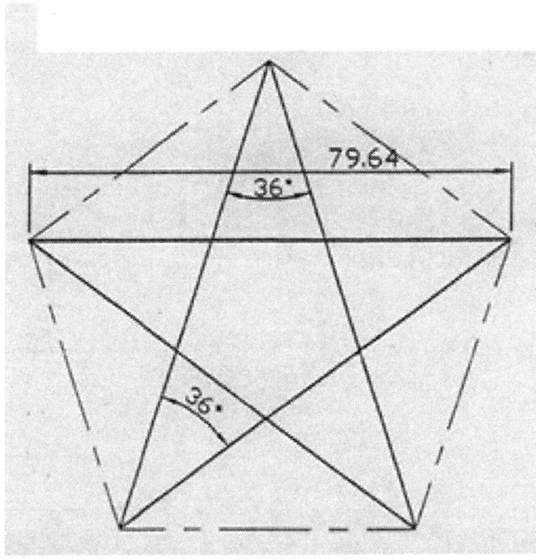

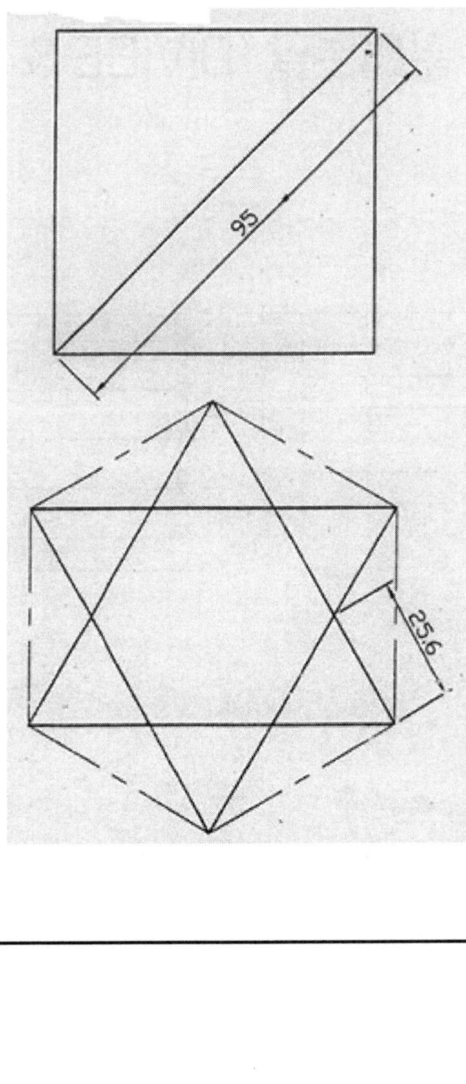

31. 길이 조정 (LENGTHEN) : ~ LEN

직선이나 호의 길이 조절하기

1) Delta : 절대길이
2) Percent : 백분율
3) Total : 총 길이
4) Dynamic : 선택 점에서 늘리거나 줄이는 다음 점을 입력한다.

32. 등분할 & 길이분할 (DIVIDE & MEASURE) : ~ DIV&ME

1) 등분할 : 등분할 개수 입력
2) 길이분할 : 등분할 길이 입력

①

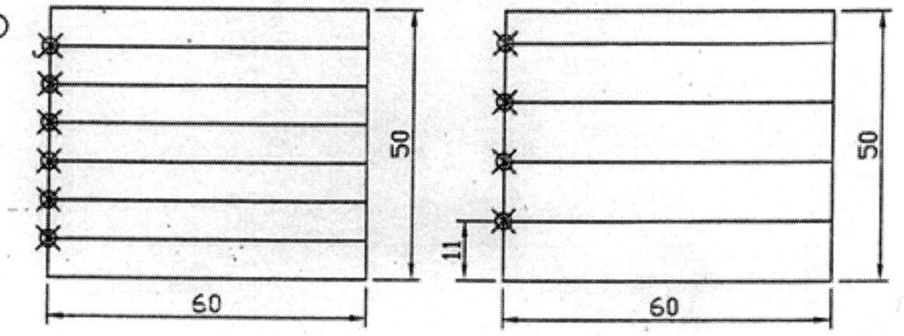

②

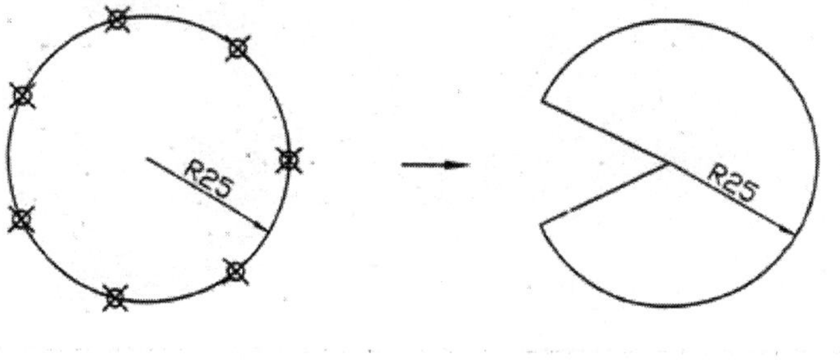

33. 문자 (MTEXT) : ~ MT

문자 입력하기

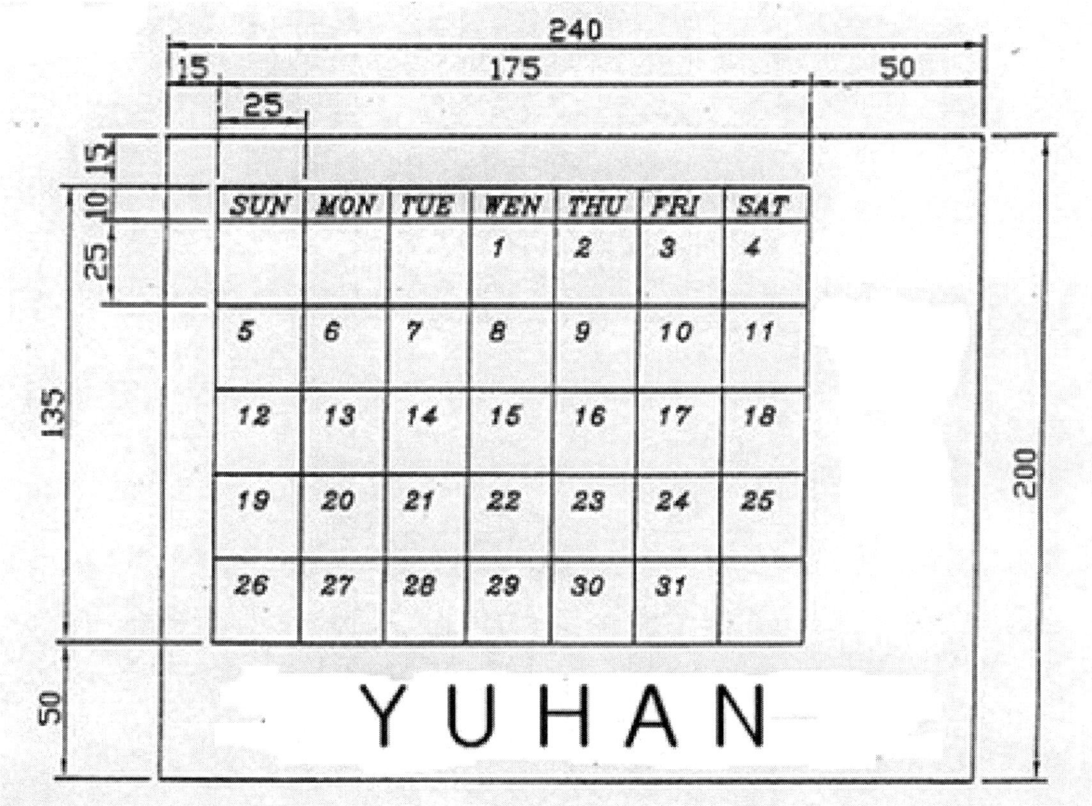

34. 배열 (ARRAY) : ~ AR

객체 배열 복사하기

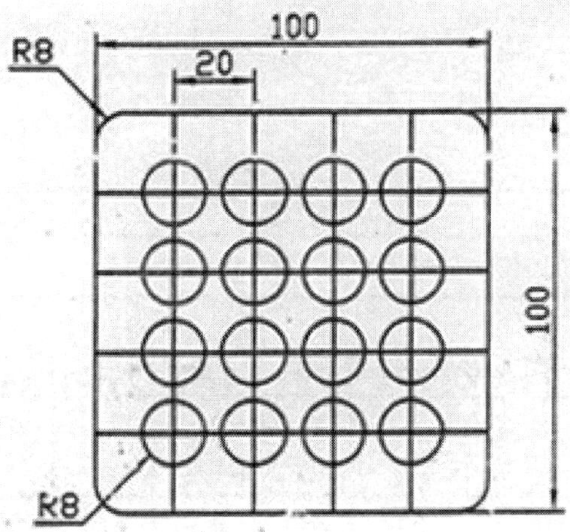

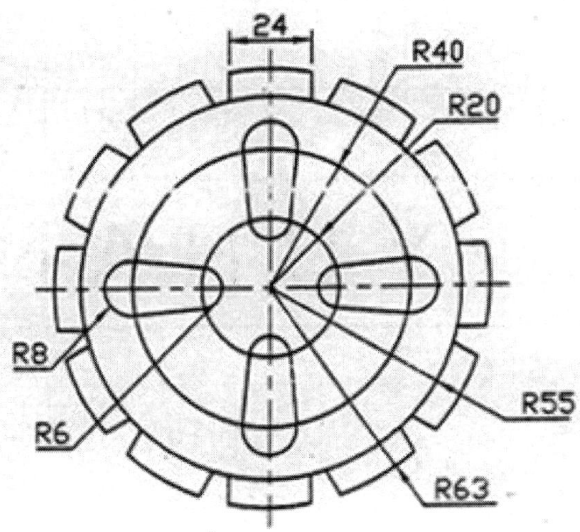

연습과제 61

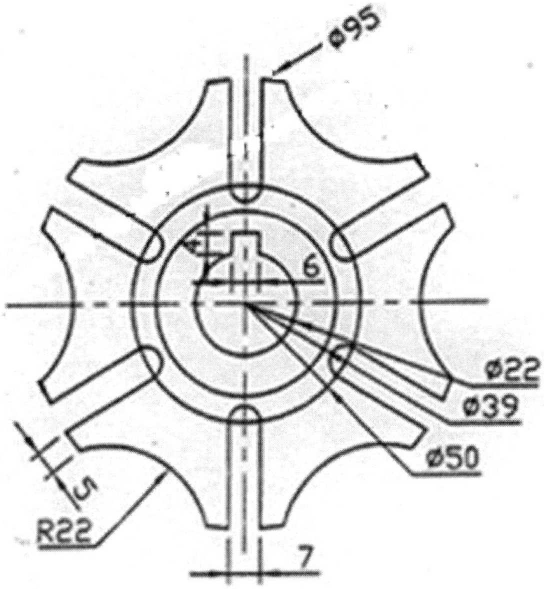

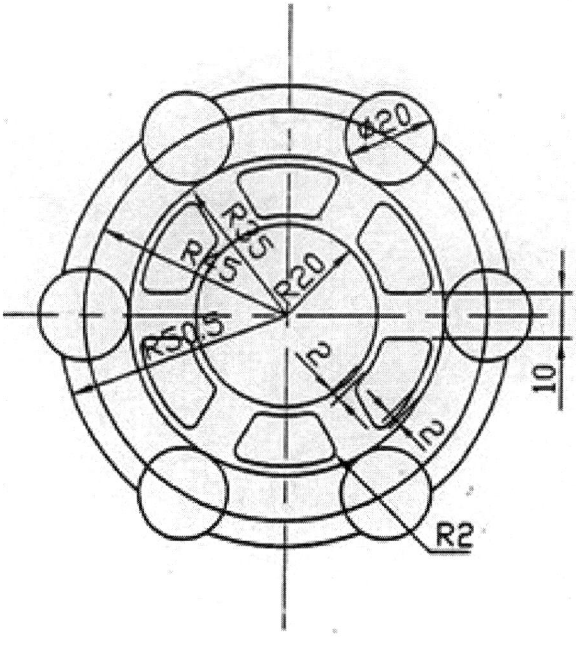

연습과제 62

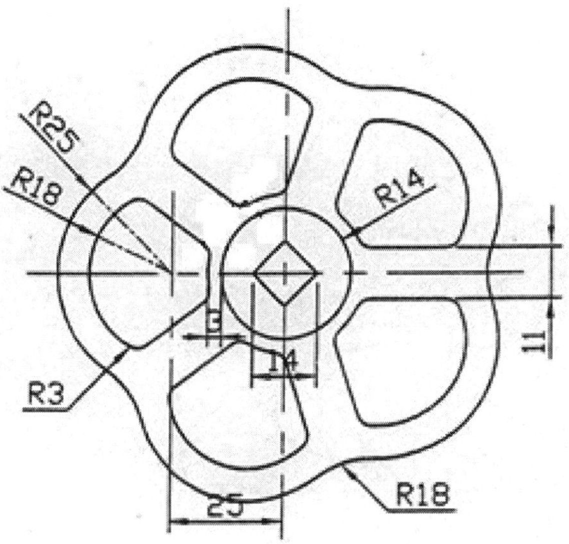

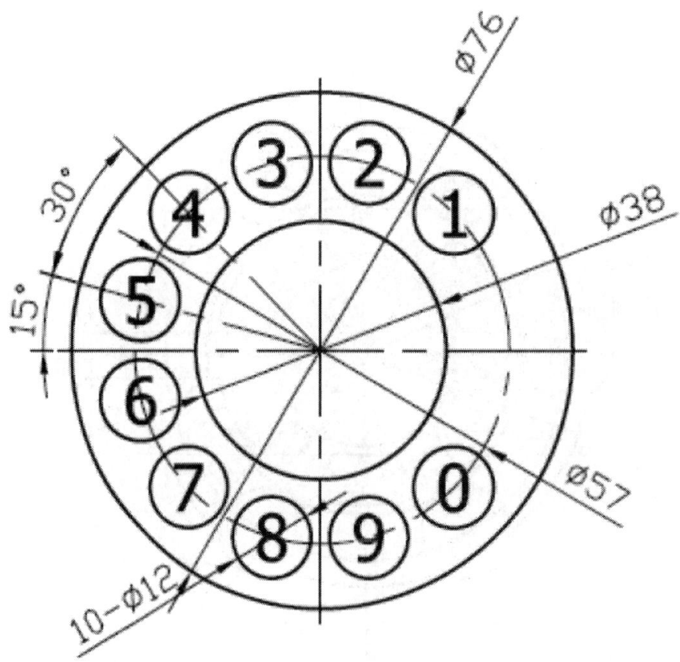

연습과제 63

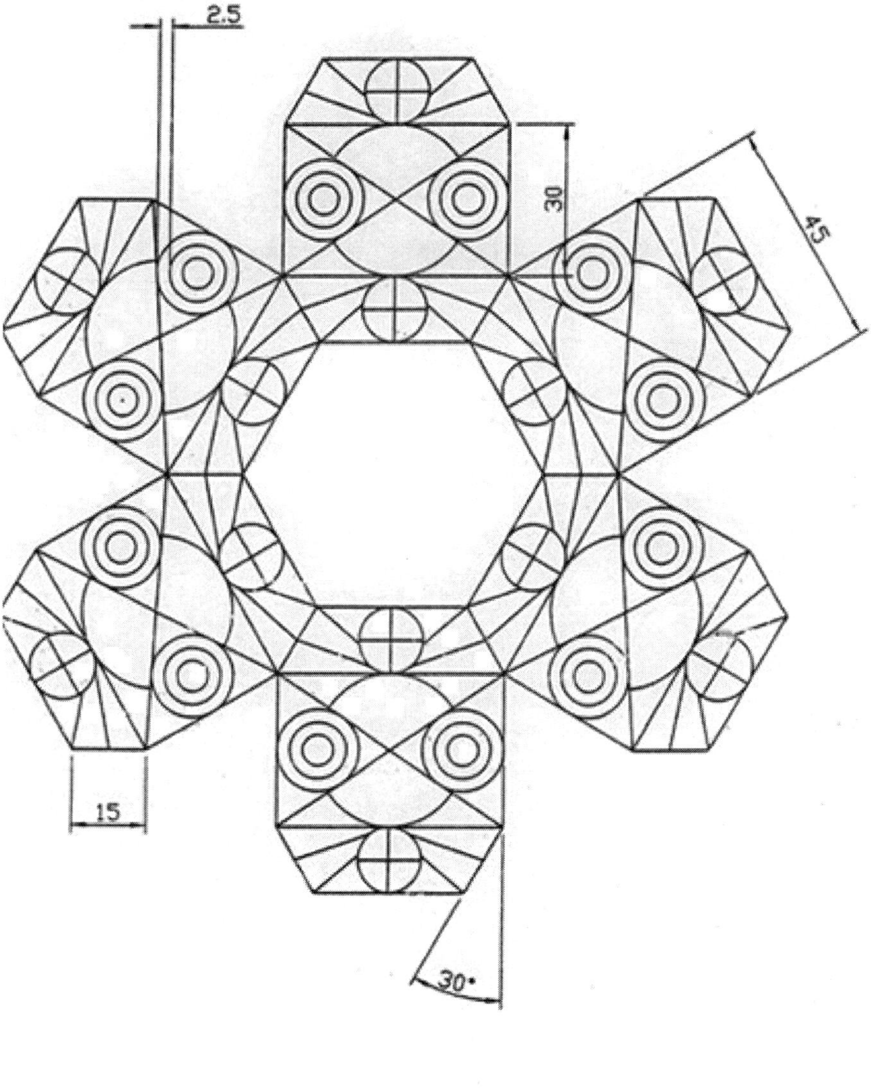

연습과제 64

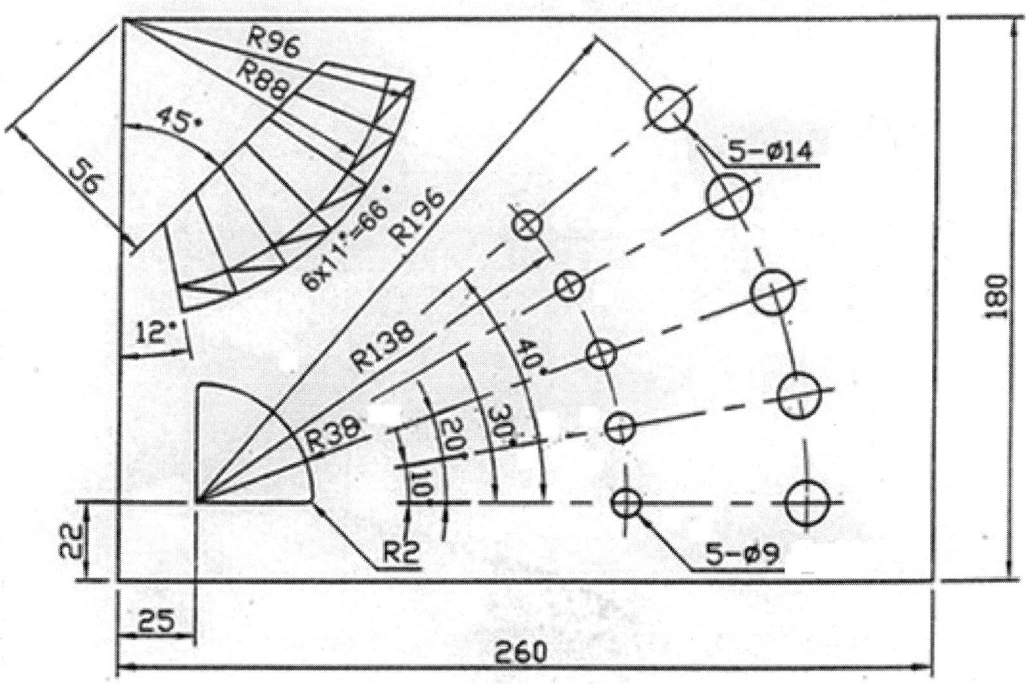
R96
R88
45°
56
6x11°=66°
R196
5-ø14
12°
R138
40°
R38
30°
20°
10°
180
22
R2
5-ø9
25
260

연습과제 65

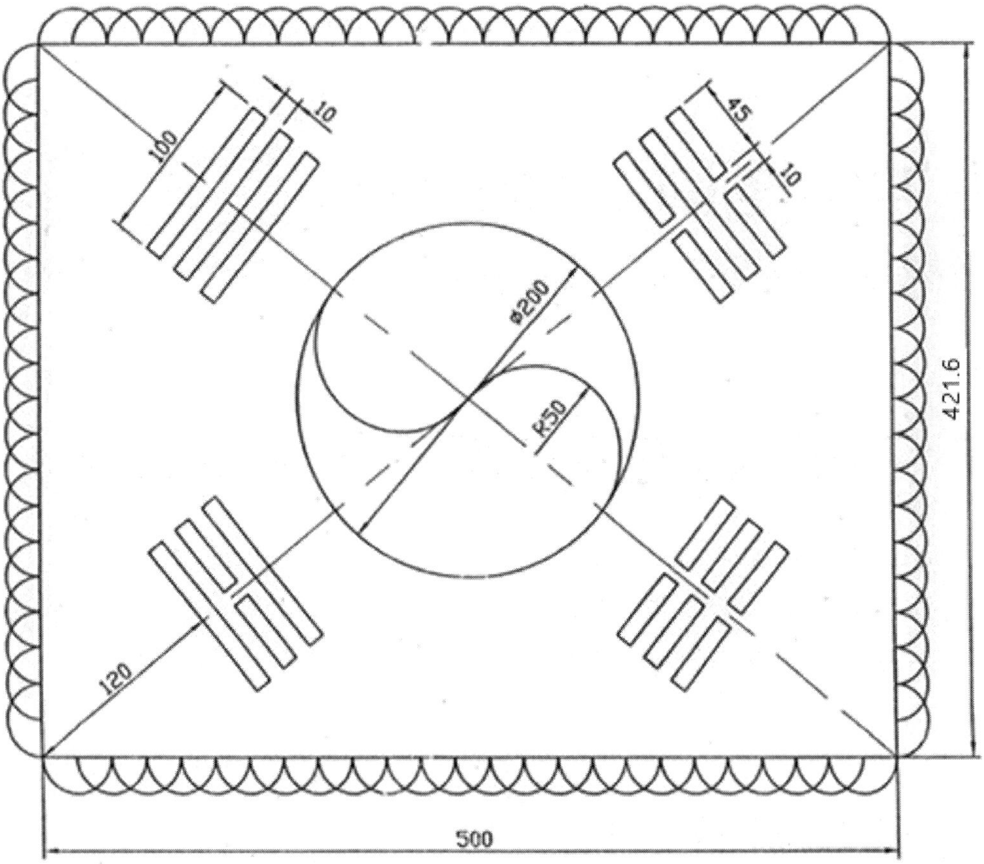

35. 화면영역 (LIMITS)

화면의 크기 설정하기

1) limits
2) lower left corner : 0, 0
3) upper right corner : 가로, 세로 지정
4) zoom의 z
5) all의 a

36. 직사각형 (RECTANG) : ~ REC

대각선으로 두 점을 사용하여 직사각형 모양의 폴리선 작성하기

37. 구성선 & 광선 & 스플라인 (XLINE & RAY & SPLINE)

1. 구성선 : 시작과 끝이 없는 무한선
2. 광선 : 시작은 있고 끝이 없는 무한선
3. 스플라인 : 스플라인 곡선을 그린다.

38. 블록 (BLOCK)

1. 블록 (B)

자주 사용하는 객체를 도면 내부에 저장

2. 삽입 (INSERT)

블록을 도면에 삽입

39. 여러 줄 (MLINE) & 여러 줄 스타일 (MLSTYLE) :

~ ML & ~ MLSTYLE

다중 평행선 그리기와 다중선 스타일 선정하기

40. 여러 줄 편집 (MLEDIT) : ~ MLEDIT

다중선 편집하기

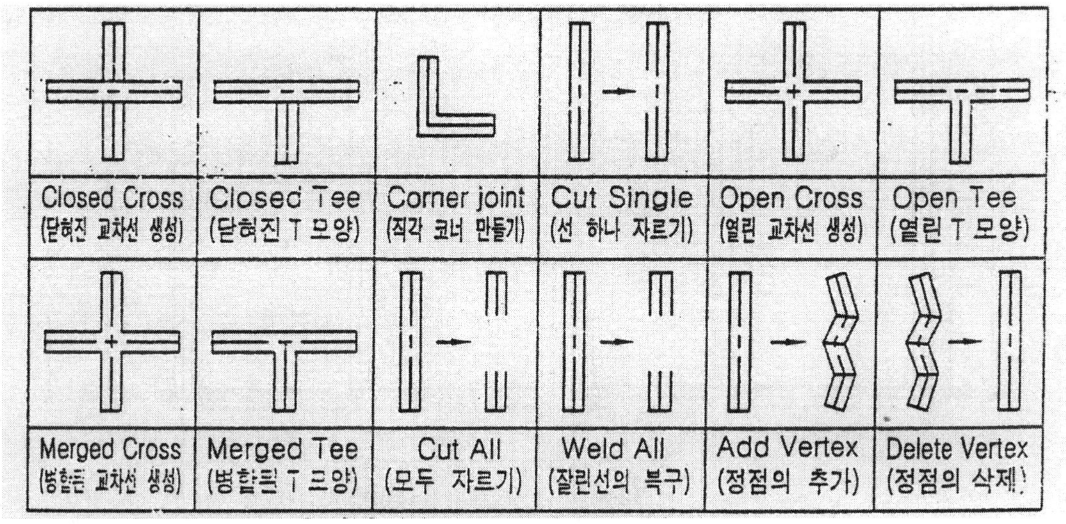

연습과제 66

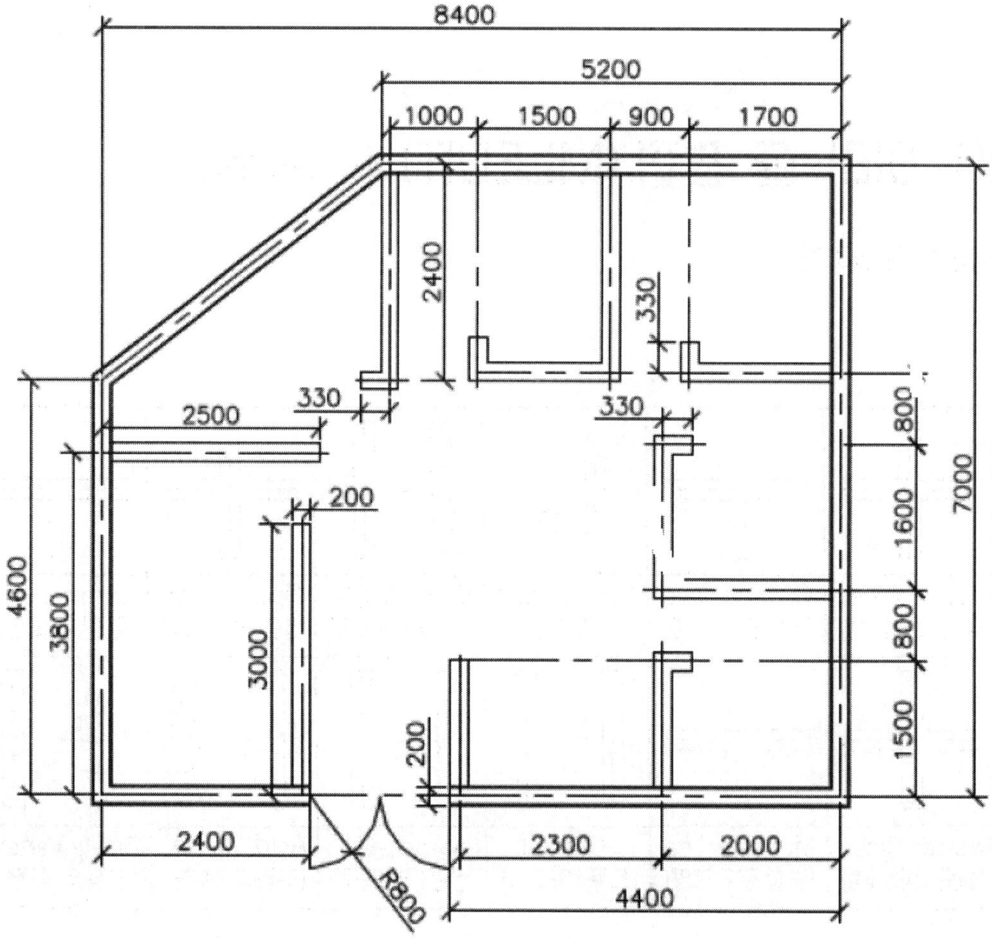

8400
5200
1000
1500
900
1700
2400
330
330
2500
330
200
4600
3800
3000
200
800
1600
7000
800
1500
2400
2300
2000
R800
4400

41. 해치 (HATCH) : ~ H

조립품의 구성요소나 재질을 나타내는 해치 패턴 그리기

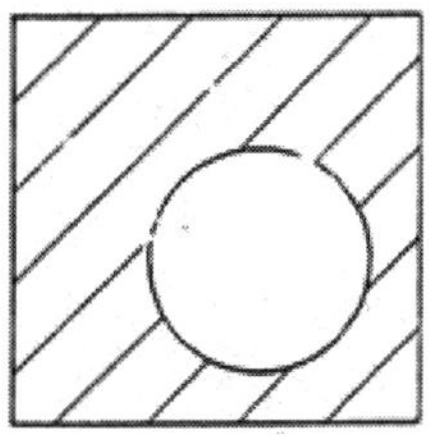

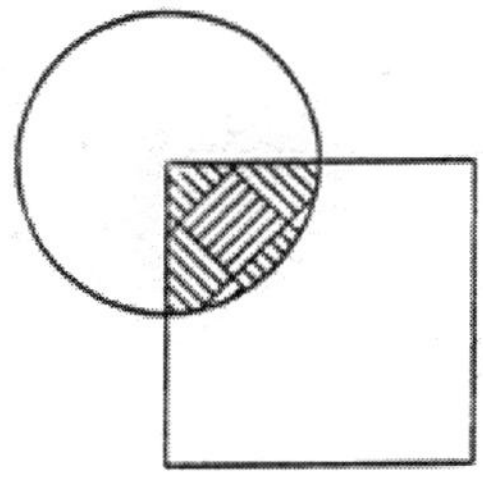

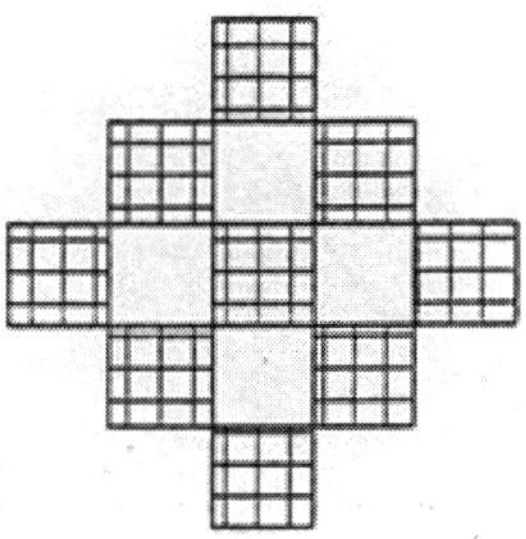

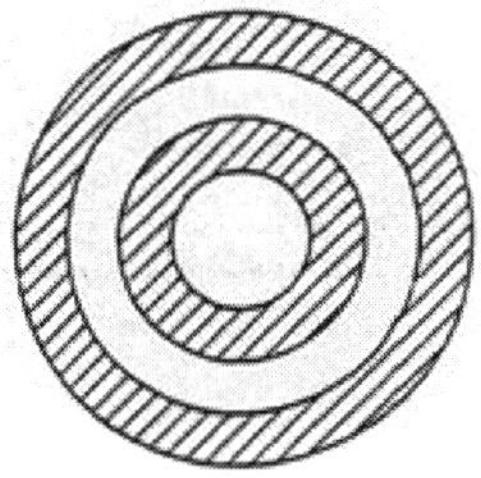

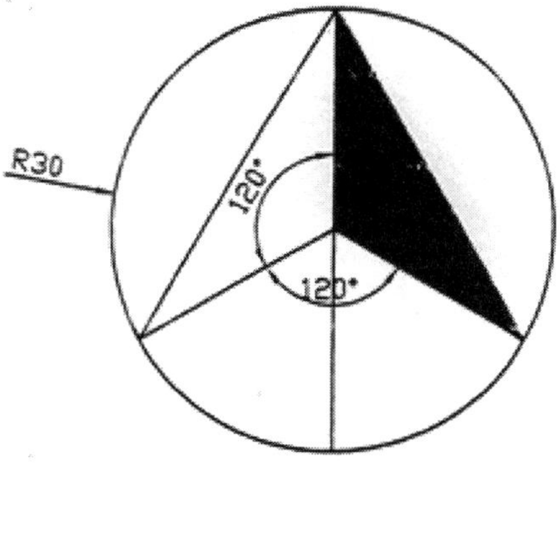

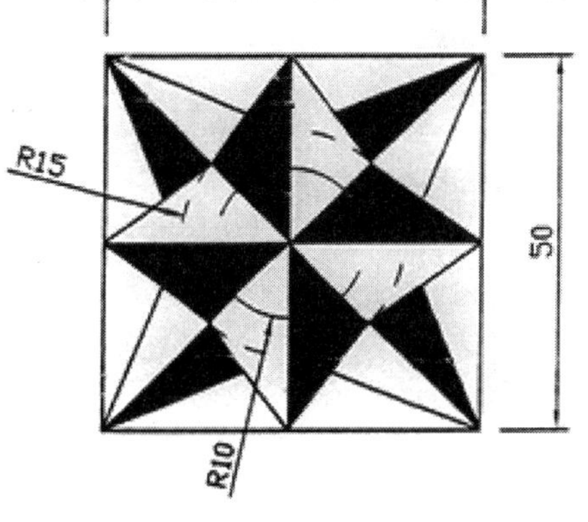

연습과제 67

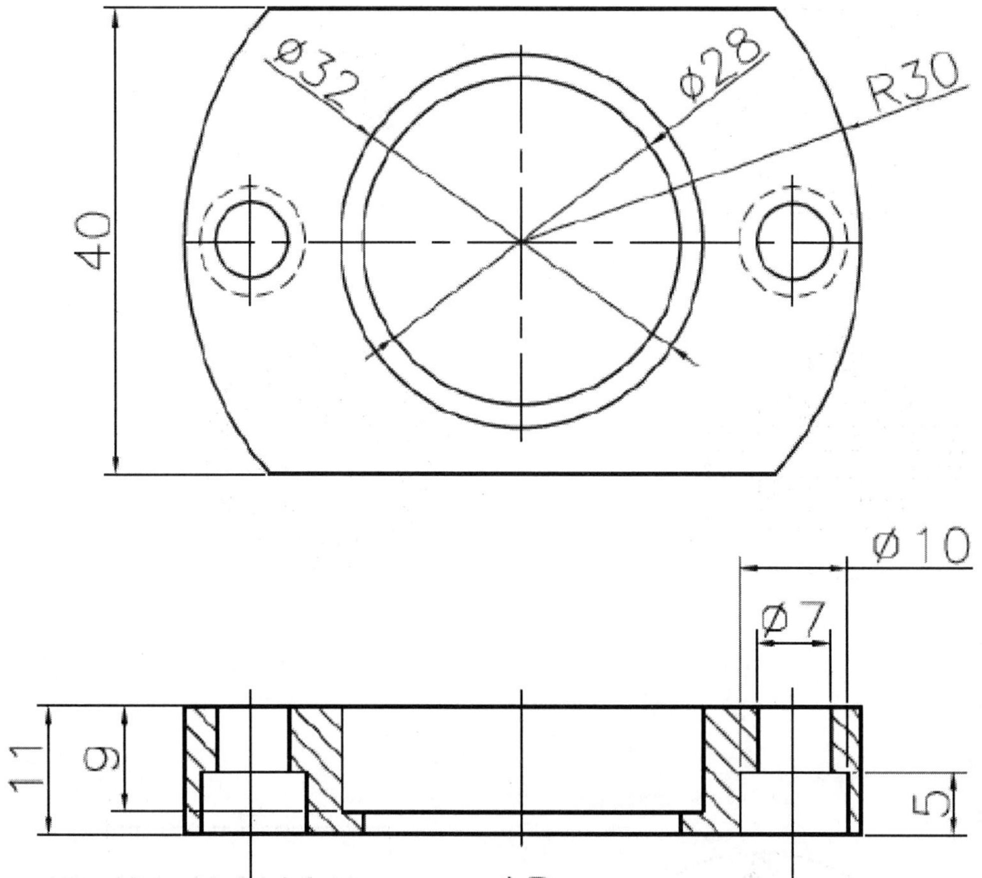

연습과제 68

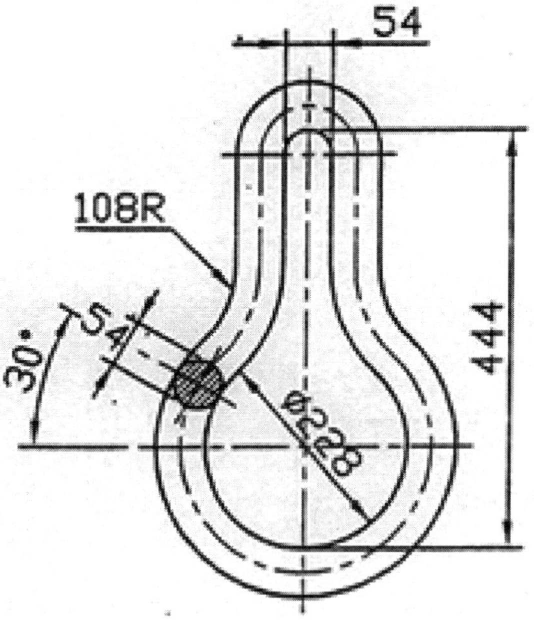
54
108R
54
30°
Ø228
444

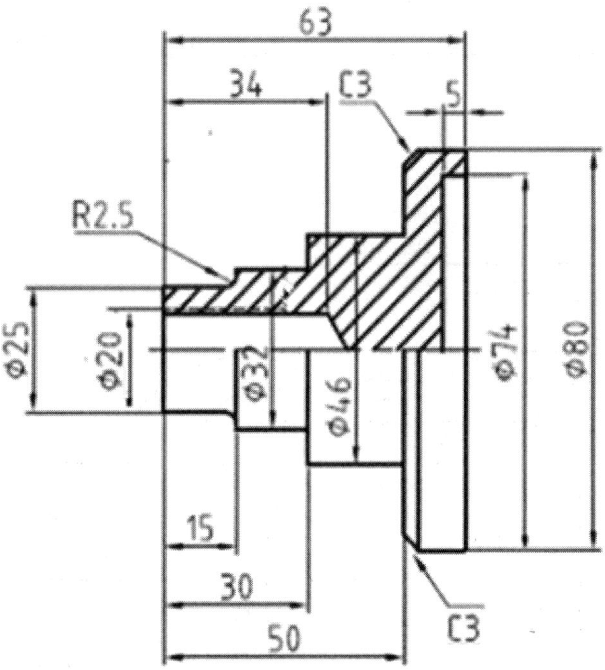
63
34
C3
5
R2.5
Ø25
Ø20
Ø32
Ø46
Ø74
Ø80
15
30
50
C3

42. 면적계산 (AREA) : ~ AREA

객체 면적 계산하기

※ 면적추가 (A) → 객체 (O) → 객체선택 → ENTER

→ 면적빼기 (S) → 객체 (O) → 객체선택

1)

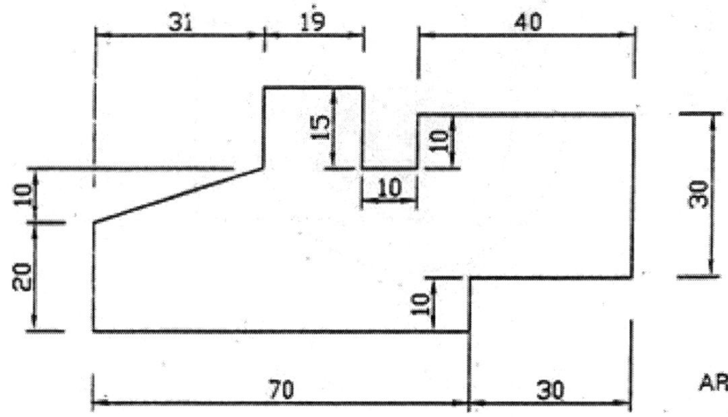

AREA : 3230

2)

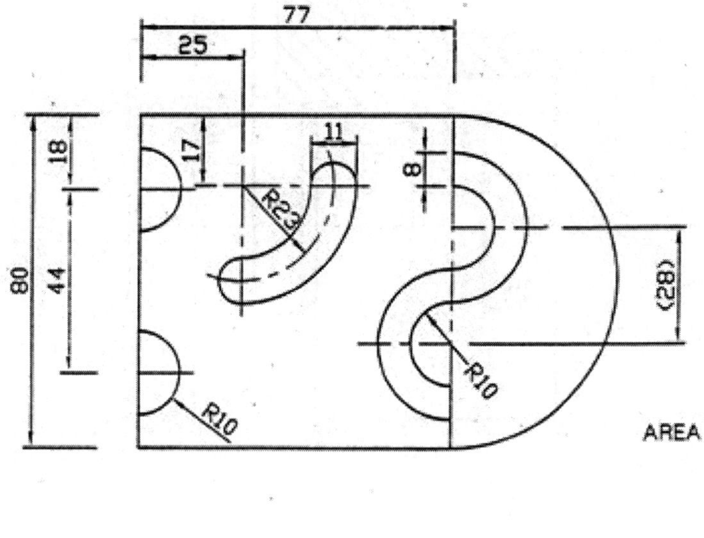

AREA : 7162.95

MEMO

알기쉬운

AutoCAD

9판 2쇄 2026년 1월 20일

저 자 육재호
발행인 송광헌
발행처 **복두(더)**
주 소 서울특별시 영등포구 경인로82길 3-4
센터플러스 807호
(우) 07371
전 화 02-2164-2580
FAX 02-2164-2584
등 록 1993. 11. 22. 제 10-902 호

정가 : 9,000원

ISBN : 979-11-6675-587-3 93550

한국과학기술출판협회 회원사